姜龍昭著

姜龍昭劇選第五集

文史哲出版社印行

國家圖書館出版品預行編目資料

姜龍昭劇選. 第五集 / 姜龍昭著. --初版. –
臺北市：文史哲, 民 95
面： 公分
ISBN 957-549-670-1（平裝）

854.6 95008899

姜龍昭劇選 第五集

著 者：姜 龍 昭
出 版 者：文 史 哲 出 版 社
http://www.lapen.com.tw
登記證字號：行政院新聞局版臺業字五三三七號
發 行 人：彭 正 雄
發 行 所：文 史 哲 出 版 社
印 刷 者：文 史 哲 出 版 社
臺北市羅斯福路一段七十二巷四號
郵政劃撥帳號：一六一八〇一七五
電話886-2-23511028・傳真886-2-23965656

實價新臺幣四〇〇元

中華民國九十五年（2006）五月初版

ISBN 957-549-670-1

世界優秀專家人才名典

中國國際交流出版社，近在北京著手編寫「世界優秀專家人才名典」出版，倖蒙該出版社青睞，將本人列名其中，並寄來該社所蒐集到的本人資料草樣，如附件，希加校對、補充、修正，爲廣交流，茲將該項資料附印如下：

世界优秀专家人才名典

姜龍昭筆名雷耳。一九二八年九月生，籍貫江蘇省蘇州市人。畢業於政工幹校新聞系第一期。曾服務於台灣電視公司任編審，中國電視公司編審組副組長，節目專任製作人，前後歷卅二年，於一九九三年退休。曾任教於國立藝專、世界新專、輔仁大學、政工幹校等校講述戲劇寫作等課程，前後卅餘年，現爲輔仁大學副教授，並曾當選爲中華民國編劇學會理事長。一九七八年中華書局編印《中華民國當代名人錄》，曾名列其中，另一九九一年中國名人傳記中心編印中英對照之《中華民國現代名人錄》亦被獲列名其上。十八歲開始文學創作，迄今已逾五十餘年，其作品：廣播劇、電視劇、舞台劇、電影劇本均有出版、播映。文學著作計有《碧海青天夜夜心》《長白山上》《香妃考證研究》正、續兩集《楊貴妃考證研究》《西施考證研究》《細説流行語》六冊《姜龍昭劇選五集》《李商隱之戀》《泣血烟花》《飛機失事以後》《淚水的沉思》等共六十六種，上述後四種劇本，曾有英譯合訂本問世。一九五二年即已因編寫劇本，參與比賽獲獎，迄一九九九年共獲得，「中國文藝協會文協獎章」「教育部頒發戲劇類文藝獎章」「軍中文藝電影劇本銅像獎」「青溪新文藝金像獎」「中山文藝獎」「國防部光華獎」「法務部電影劇本獎」二次，「伯康戲劇獎」二次，「金鐘獎」四座，「李聖質戲劇獎」「新聞局最佳劇本獎」「中央黨部華夏二等獎章」「中廣公司日新獎」「行政院衛生署獎狀」「軍中新文藝特別貢獻獎」「實踐研究院獎狀」「文建會舞台劇本獎」「編劇學會魁星獎」二次「台北市話劇學會最佳編劇藝光獎」……等獎勵計五十項，包括獎狀、獎章、獎金等。二〇〇〇年金禧年來臨，特自行創設「姜龍昭戲劇獎」得獎者可獲五萬元獎金外，並頒贈姜龍昭青銅塑像一尊，第一屆得主黄英雄先生，第二屆得主居留美國之沈悦女士，第三屆得主高前先生，第四屆得主丁衣先生，第五屆得主徐天榮先生，第六屆得主王中平先生，均已先後贈出。

姜龍昭地址：台灣台北市八德路三段十二巷五十七弄十九號四樓
電話：（〇二）二五七八五八二〇

自序

一、

四十年前，民國五十五年五月十五日凌晨三點鐘，我脫稿完成了「一襲輕紗萬縷情」的電視劇本，然後由台視公司，分上、中、下三集播出這齣戲，歲月悠悠，如今已過了四十年。

八年前，民國八十七年，當年演出該劇的女主角劉華女士，如今已是留美戲劇碩士的知名導演，有一天，遇見了名影評人焦雄屏女士，她告訴劉華說：「當年你在電視上演出的那齣『一襲輕紗萬縷情』，讓我看後，流了不少眼淚。」

當劉華告訴我這一訊息後，我爲之悸動、驚喜不已。

這幾十年來，我編寫過不少電視劇、廣播劇、電影、舞台劇，雖說其中也有一些讓人感動下淚的，但能歷時卅多年讓人難以忘懷，留下深刻印象的，大概也僅此一部。

「一襲」當年播出時，由愼芝女士編寫了主題曲，播出後，索取歌譜之信件，如雪片飛來，事後該曲由環球唱片公司灌成唱片，一版再版發行，風行一時，另有福華影業公司向我購買電影版權，將之拍成電影，取名「情鎖」，由艾黎小姐主演。菲律賓劇藝出版社出版了單行本。另由舞蹈家曹金鈴女士將之編成舞曲，在「群星會」演出。

相隔了四十年後的今天，我決定再費一番心血，將之改編成「舞台劇本」，這樣可以在舞台上，不受歲月、時地的影響，永久流傳下去，就像莎士比亞的戲、曹禺的「雷雨」一樣，今年我已七十九歲，盼望有生之年，此劇能在舞台上，與廣大的觀衆見面。

二、

蒐集在本書的第二個劇本：「碧海青天夜夜心」，是我於民國五十六年四月十二日下午四時半脫稿的電視劇本，當年台視沒有錄影機的設備，也是分上、中、下三集的連續劇，分三週播出，這齣戲，才播了二集，就有兩家電影公司，向我購買電影版權，最後由我決定售與香港的邵氏電影公司，由葉楓、關山、林嘉合作主演，秦劍導演拍成影片，此劇另由商務印書館出版單行本五十七年初版，五十九年二版發行，如今，相隔了卅餘年，爲了流傳後世，我也將之改編爲「舞台劇」，供劇團採用演出。

三、

「萬象更新」是民國五十五年一月廿日，在「台視」播出的電視連續劇，分上、下二集播出，由光啓社仲捷先生提供的故事大綱編寫而成，因演出時間，正値農曆年大除夕，乃將故事背景，放在過年前後，劇名原爲「殘冬」，爲求溫馨切題，乃改名爲「萬象更新」，亦由電視劇改爲「舞台劇」，方便各地舞台演出。

「萬象更新」的劇本，亦曾由名導演秦劍先生購去電影版權，誰知他拍了我的「碧海青天夜夜心」「三燕迎春」二片後，因病去世，離開了這個世界，使我遺憾不已。

我寫劇本從民國卅八年開始，迄九十五年，已歷五十七年，我在編劇過程中，曾獲得五十次以上的獎勉，爲了回饋社會，我特於二〇〇一千禧年創設了「姜龍昭戲劇獎」，如今已頒出了六屆，獲獎者，除了獲得獎金五萬元之外，並獲「姜龍昭青銅塑像」一尊，可留作永久之紀念。

我盼望，上列三個舞台劇本，讀者看後，多多賜教，若有演出意願，更希望與我聯絡，我的地址是台北八德路三段十二巷五七弄十九號四樓，電話：（〇二）二五七八五八二〇號。

「姜龍昭劇選」第一集，於民國七十二年四月，由遠大出版公司出版，內刊出電影劇本「鐵甲雄師」及舞台劇「國魂」、「沒有舌頭的女人」兩齣，惜現已絕版。

「姜龍昭劇選」第二集，於民國七十七年十月，由文史哲出版社出版，內刊出舞台劇本：「心眼」、「一隻古瓶」、「孟母教子」、「母親的淚」及「淚水的沉思」五齣，存書已不多。

「姜龍昭劇選」第三集於民國八十七年三月，由文史哲出版社出版，內刊出全部為我寫的廣播劇，在中廣播出，計有十一齣之多。

「姜龍昭劇選」第四集，於八十八年三月，由文史哲出版社出版，內刊出「人生七十」、及「雷雨」廣播劇一至四集，另有一專文介紹「雷雨」的剖析及「曹禺」的寫作歷程。

「姜龍昭劇選」第五集，於民國九十五年五月，由文史哲出版社出版，刊出舞台劇「一襲輕紗萬縷情」、「碧海青天夜夜心」、「萬象更新」等三齣。

姜龍昭 寫於民國九十五年四月十五日

姜龍昭劇選第五集目次

「一襲輕紗萬縷情」四幕舞台劇

——又名『一封密藏的信』——

時間：
第一幕：民國四十五年
第二幕：民國四十六年
第三幕：民國五十五年
第四幕：距第三幕數月後
地點：第一幕：台灣桃園
第二幕：台灣桃園
第三幕：日本東京、台灣桃園
第四幕：日本東京、台灣桃園

佈景：第一幕：舞台分三部份。甲區：徐家洋裁店、乙區：鍾家客廳、丙區風景區有小橋流水、池塘野石等物。
第二幕：舞台區分爲三部份。甲區：徐滌生工作室，乙區鍾家客廳、丙區小橋池塘均與上幕相同。
第三幕：舞台區分爲三部份。甲區日本樓上房間，四週用日本式拉門地上塌塌米，乙區是日本庭院有門口，日本式石亭，丙區小橋池塘，仝第一幕。
第四幕：舞台區分爲三部份。甲區、日本房間，乙區日本庭院，丙區小橋、池塘，均與第三幕相同。

人物：

徐滌生：第一幕大三音樂系學生，第二幕次年，第三幕相隔十年後，進入中年。
徐枕玉：滌生之妹，第一幕高中學生，第二幕次年，不穿中學生服裝，第三幕，第四幕，中年婦女打扮。
徐母：四十餘歲，洋裁師傅打扮，台式婦女服裝。
鍾母：四十餘歲，中等家庭婦女，可穿旗袍。
鍾小鳳：廿一、二歲演至卅餘歲，先穿中學生制服，結婚婚後穿洋裝，相隔十年後，穿中年婦女服裝，樸素爲宜。

羅麒：年輕時穿西裝，精神奕奕，至日本結婚後，穿襯衫茄克不打領帶，後家道中落，酗酒、落魄、不刮鬍子，與年青時判若二人。

汪婷婷：廿餘歲，富家女，大學生打扮。

羅幼華：八歲女孩，穿日本小學生制服。

第一幕

景：舞台上區分爲三部分，（甲）舞台右面一半，是徐家的洋裁店，有縫衣機、剪裁衣服的桌子、另有一木頭做的女裝模特兒，上穿洋裝，是一家庭型的縫衣店，店中另有沙發、小茶几供客人坐。亦有書桌，爲枕玉做功課用，有門通內室，門上掛門簾。（乙）舞台左面，前方是鍾家客廳，有沙發，電唱機及寫字桌，中等家庭佈置。（丙）在舞台左後方，中間用黑布幕隔開，後面用平台塡高，是一風景區外景，有小橋、池塘、野石、花草等物，小土堆上可坐人，遠望出去，是青山。

時：民國四十五年，民風古樸。

地：台灣桃園。

人：徐枕玉、鍾小鳳、徐滌生、鍾母、羅麒、汪婷婷。

幕啓時：下午四時許，中學生放學回家時間，燈光打在徐家，徐母在踩著縫衣機工作著。一件衣服接近完成了。她戴著老花眼鏡，不工作時，可拿下。

稍晚，枕玉穿高中學生服，手背著書包自外跳著進來。

枕：媽，我回來了。

母：（暫停工作問著）學校放學啦？

枕：嗯，（向外叫著）進來呀！（向門外招呼著）

（小鳳也穿中學生服背著書包進入，上場）

母：誰呀？

枕：我的同學……媽，我來給妳介紹，她叫鍾小鳳，和我同班的……這是我的媽。

鳳：伯母，您好。

母：鍾小鳳？妳可眞漂亮！妳和枕玉是不是同年的？

鳳：是的。

母：枕玉，沒有姊妹，歡迎妳今後常來玩。

鳳：好。

母：（在成衣桌上，取過一件才做好的洋裝，給枕玉穿）枕玉，媽給妳做了件新衣服，妳穿穿看，合不合適？

枕：（拿過衣服，高興的）是我的？啊……媽，妳眞好。

（枕玉招呼小鳳在書桌邊坐下，自己拿了新衣服，溜到後房去。下場，小鳳坐下後，欣賞桌上一些書籍，看到一個相片架上，一張男人的照片，是滌生的，相當吸引人）

（不久，枕玉穿上新衣，自內出）

（鳳一怔，急將相框放下）

鳳：好看，……眞是好看極了。

母：（走近枕玉，仔細看新衣是否合身）轉過身來，讓媽看看。……（枕玉轉身）大小怎麼樣？

枕：（又轉回身來）正好。

鳳：伯母，妳做得眞好，我想請妳給我也做一件，式樣、布料，我要和這件完全一樣。

母：可以呀，（打量鳳的身材）唔，妳的身材，和枕玉差不多，兩個人要穿一樣的衣服上街，別人還以爲妳們是一對姊妹花呢！

鳳：我的生日，比枕玉大一個月，枕玉，妳該叫我姊姊才對。

枕：瞧妳，就知道會佔人便宜，我才不叫妳姊姊呢！除非，妳請我客才行。

鳳：請客？沒問題，妳說，妳要我請什麼？是牛肉乾？還是花生米？

枕：讓我想想看。

母：怎麼？小鳳小姐，妳眞也想做這樣的一件衣服？

鳳：嗯，伯母，大概要多少錢？

母：我先給妳量了身，再說。（說畢，就用軟尺給鳳量身材）

枕：（將書包放至書桌，發現哥哥來信）媽，哥哥來信怎麼說？

母：你自己去看啊！（邊爲鳳量身材，邊用筆紀錄尺碼）

枕：什麼？哥哥明天就從台北回來啦？

母：嗯，……等會兒，妳得把他的床舖，整理好，別忘了。

枕：小鳳，明天來我們家玩，好不好？我哥哥是學音樂的，他可以教妳唱歌！（拿桌上照片給鳳看）喏，這是他的照片，妳看他長得很帥吧……我給妳介紹，好不好？

鳳：枕玉，（故意生氣的說）枕玉，我要回家去了！

枕：小鳳，……別走嗎？

母：小鳳小姐，妳就陪枕玉在這兒多玩一兒，我……還得出去一下，把做好的衣服給人送去。

枕：媽，我去給妳送。

母：不用了……妳就躭在家裡陪客人吧！（母將縫好的衣服，用布包好，攜之外出，下場）

枕：（枕玉在書桌抽屜內找出一張樂譜，拿給小鳳看）小鳳，妳唱唱看，這首是我哥哥新作的曲子，上次寫信寄回來的，據說他的老師，也很欣賞他做的這首曲子呢！

鳳：（接過曲譜來看）……「一襲輕紗萬縷情」……這歌名倒很別緻的！……

枕：小鳳，妳教我唱，好不好？明天他回來，我唱給他聽！

鳳：（已被歌詞吸引，低聲唸著歌詞）一襲輕紗，一襲輕紗，愛情像一襲輕紗，如雲霞，如雲霞，籠罩我的面頰。

枕：小鳳，妳快唱嗎，別只唸歌詞，我想聽聽這曲子倒底好不好聽！

鳳：好……好，我來試試……（低聲吟唱）看不透她的情，是眞是假（滌生提旅行袋，自外上，二人未有察覺，仍在陶醉吟唱）

滌：（唱出）朝朝暮暮牽掛……

枕：（發現滌生，驚喜）哥哥，你回來也不叫一聲，把我倆嚇一大跳。

滌：（歉意向小鳳說）對不起，枕玉，……這位是？……

枕：我來給你介紹，這是我的同班同學鍾小鳳……這是我哥哥徐滌生……也就是這首曲子的作者。

滌：鍾小鳳……（思索一下）……我台北有個同學叫鍾大龍，是不是妳的哥哥？……他也是音樂系的！

鳳：（微笑搖頭）

枕：哥哥，小鳳是獨生女，她才沒有哥哥吶！……對了，你來信不是說……明天才回來，怎麼，今天就到了？

滌：考試完了，我一個人留在台北，也怪無聊的，正巧有個同學多了張票，我就提前回來了……怎麼？妳嫌我回來早了！

枕：那倒不是，我覺得你不該說話不算話，爲了表示道歉，我要罰你請客看電影！小鳳，妳說對不對？

鳳：（看看滌生，笑了笑……）

滌：好，我請客，不過，小鳳小姐，希望你也肯賞光一起去！

鳳：（故意不好意思）不，我不去！

枕：小鳳……妳一定要去……不然，我可不理妳了！

鳳：（害羞地）好……我去！

滌：小鳳……謝謝妳，我們一起去！

（三人高興地笑著結束本場，燈光暗轉）

（舞台乙區燈光亮了，屋內鍾母一個人在沙發裡坐著，手上拿著一張照片看著）

鍾母：（自言自語）眞想不到，一眨眼，羅麒，長得這麼大了，就不知道，鳳丫頭會不會喜歡他！

（小鳳自內走出，欲外出）

鳳：媽，……我有事想出去一下。

鍾：小鳳，別忙出去，媽給妳看一張照片，瞧妳還記不記得，這照片裡的人。

鳳：（自母手中接過照片來看，看了又看，想不起來是誰）媽，這是誰的照片？……我認識他嗎？

鍾：想想看，妳不記得啦！……他比妳大七歲，小時候，妳和他常在一起玩的，有一次玩捉迷藏，羅麒表哥把妳鎖在一隻籐箱裡，差一點把妳給悶死，妳忘了？

鳳：噢，我想起來了，他不是在日本嗎？

鍾：他是在日本，已經大學畢業，趁著暑假，想到台灣來玩幾天，要妳做他的嚮導，妳不會沒有空吧！

鳳：是他一個人來，還是和他爸爸媽媽一起來？

鍾：他一個人來，他信上說，這一次，主要就是來看妳，他希望能結了婚，再到美國去留學深造，小鳳，妳不是一直希望能去美國嗎？這一回，妳眞該好好的抓住這一個機會。

鳳：媽，我高中還沒畢業，我才不想這麼早就結婚呢！……高中畢業後，我還想考大學呢！

鍾：小鳳，媽告訴妳，羅麒的父親，這幾年在日本做生意，發了些財，妳做他們家的媳婦，才不會吃苦呢！

鳳：媽，別說了，……就算羅麒來求我，我也不會答應嫁給他的！

鍾：好吧，一切由妳，媽絕不勉強妳。

鳳：媽，……現在，我要出去了。

鍾：妳到哪兒去啊？

鳳：我去理髮店洗頭，做頭髮。晚上，小麻雀家舉行生日舞會，邀我去參加舞會，媽，（懇求地）我……十二點以前，一定回家來的。

鍾：我眞不懂，過生日，爲什麼一定要跳舞，現在的女孩子，眞是怎麼得了啊！

鳳：（欲走出，突又停住）媽，妳說我的頭髮，到底是留好，還是不留好？

鍾：妳呀，眞是的，頭髮長在妳頭上，妳愛留就留，不愛留就剪掉，這又有什麼拿不定主意，從昨天開始起，問到現在，已經問了四五遍了！

鳳：有人說我留長頭髮好看，有人說我剪短好看，我眞不知該怎麼辦才好。

鍾：小鳳，不是媽說妳，像妳這樣，什麼事都猶豫不決，拿不定主意，將來準有苦頭給妳吃呢！

鳳：這我知道，可我改不掉這毛病，有什麼辦法！

（門鈴響，鍾母去開門，枕玉自外進來）

枕：伯母，謝謝妳。……小鳳，妳剛才在說什麼？什麼毛病改不掉？

鳳：沒聽見最好！……妳來找我幹什麼？

枕：找妳到我家去下跳棋！

鳳：下跳棋？

枕：嗯，我哥哥說，他在學校是跳棋冠軍，從來沒輸過！

鳳：是嗎？我不相信，他能贏過我！

枕：小鳳，……走！……去我家。

鳳：好，現在就去，……媽，……我去枕玉家下棋去了！

鍾：不是說，妳要去洗頭的嗎？

鳳：下完棋再去。

枕：伯母，再見。

（二人出，下場）

鍾：小鳳這孩子，眞是，一天有十七八個主意，誰也猜不著，她下一分鐘，想要做些什麼！

（燈暗轉）

（燈光在丙區照亮，音樂主題曲輕輕響起，鳥叫流水聲）

（滌生領小鳳，自小橋上走過來，二人在土堆上找石塊坐下）

滌：小鳳，妳想不到，在桃園，還有這麼一個好地方吧！

鳳：小橋、流水，……青山……你可眞會找！

滌：我在唸小學的時候，就發現了這個好地方，那時候，我和同學，還在這池塘裡捉蝌蚪，差一點掉下水裡去，……衣服都弄濕了！……

鳳：小時候，你一定很頑皮！……

滌：妳……一定更頑皮！……

鳳：滌哥，……你教我唱，那首「一襲輕紗萬縷情」曲子好不好？

滌：好呀，妳瞧，……我口琴都帶來了，……妳來唱，……我爲妳伴奏。……歌詞記得嗎？

鳳：記得！（二人開始一吹一唱起來）一襲輕紗，一襲輕紗，愛情像一襲輕紗……看不透他的情，是眞是假……

滌：（暫停）小鳳，你高中畢業以後，我覺得，妳也該去考師大音樂系才對，……要不埋沒了妳的天才，太可惜了！

鳳：可是我媽要我去考日文系，好將來去日本。

滌：妳自己的意思呢？

鳳：我很矛盾……我想唸音樂，又想出國去玩……

滌：啊，我妹妹找來了！

鳳：我躲一躲，……給她看到了，多不好意思！

滌：小鳳，枕玉不會笑我們的！

（枕玉從橋上出現，走近二人）

枕：哥哥，……家裡來了個你台北的同學，……她叫汪婷婷，是不是你的女朋友？

滌：汪婷婷……只是同學而已，她到桃園來做什麼？

枕：哥，……你快回去吧！……媽說，她已在家等你很久了！

滌：小鳳，……我們走吧！

（三人下場，燈光暗轉）

（甲區燈亮，徐母在裁剪衣料工作，汪婷婷坐在一旁，翻看洋裁服裝書。模特兒身上穿的是一套新娘禮服，稍頃，汪不再看書，起立，引頸張望）

母：汪小姐，……妳別著急，一會兒，滌生一定就會回來的。

汪：伯母，……我不急。……妳這模特兒身上穿的這套新娘禮服，也是妳做的嗎？……式樣很別緻！……

母：是我縫製的，……不過，式樣，是滌生設計的！

汪：（驚奇）什麼？……是滌生他設計的，……他除了作曲，還會服裝設計？

母：他不但會設計，出主意，而且裁呀，縫的，從小看我做，都學會了，早知道他喜歡這一套，我真不該同意他去學音樂，將來，乾脆傳我的衣缽，多好。

汪：伯母，滌生真要喜歡做服裝設計的話，將來畢業以後，我可以介紹他到一家服裝公司去上班，我有個親戚，專門負責服裝設計，若是成名的話，照樣可以發大財的唷！

母：是嗎？

汪：我想憑滌生的聰明和智慧，他將來必定會出人頭地的。

母：汪小姐，但願眞如妳所說的，我就放心了。

（枕玉、滌生、小鳳自外上場）

枕：媽，哥哥給我找回來了。

母：滌生，你到那兒去了呢？汪小姐在這兒等你很久了。

滌：媽，……我不是回來了嗎！（向汪）婷婷，妳怎麼忽然想到桃園來了呢？

汪：（親熱地向滌生說）我……想你來看你啊！……怎麼？你不歡迎呀！（注視鳳）……這位是？

滌：我來給妳介紹，這位……是我學校的同學汪婷婷小姐，這位是我妹妹的同學，鍾小鳳小姐。

汪：鍾小姐，妳好。

鳳：汪小姐，妳好。

（二人互望，看著）

滌：婷婷，妳專程到桃園來，有什麼要緊的事嗎？

汪：我自然有事，才來桃園看你啊，你剛才到那兒去玩啦？害我在這兒等你，等了半天。

（母逕自忙做衣服）

滌：我只是去散步而已。

汪：滌生，桃園有高雅一點的咖啡廳嗎？我們先去喝咖啡，再說。

鳳：（被冷落在一旁）枕玉，伯母，我得回家去了，媽還在家等我呢！

枕：小鳳，……妳別走嗎！（拉住鳳，鳳不顧，掙脫下場）

滌：（欲追出）小鳳，小鳳……

汪：（看出原因）滌生，……這位鍾小姐，……是不是你的女朋友？……瞧我來了，她不太高興，是不是？

滌：婷婷，不是的。

汪：別瞞我了，我的眼睛看得出來。（笑）哈……哈……

（滌面露尷尬狀）

（燈暗轉）

（乙區燈亮，鍾母看著桌上放了些禮物，小鳳自外上場）

鳳：媽，……誰送來的禮物？

鍾：小鳳，你羅麒表哥，從日本來了，……這是他送給妳的禮物。

鳳：表哥，他人呢？

鍾：妳不在家，他先去看一個朋友，一會兒，他就回來了！
（鳳去看禮物）
鍾：這些衣料，是他特意爲妳選的，妳還喜歡嗎？
鳳：喜歡，羅麒對我太好了。
鍾：羅麒說，他打算在台灣停留一週，要妳陪他去環島旅行，妳不會不答應吧？……好在學校開學還早，不會耽誤妳功課的。
（門鈴響）
鍾：啊，……羅麒來了。
（鳳先去躲在沙發後面，鍾去開門，羅自外上場）
羅：姨媽，……小鳳回來了沒有？
鳳：（羅才說完，小鳳「哇」的一聲，自沙發後跳出去，嚇羅一大跳）
羅：好呀，……小鳳，妳還是這樣頑皮！
鳳：瞧你個子長這麼大，膽子還是那樣小！
羅：妳膽子大，是不是？看我來呵妳癢，妳怕不怕？（欲向鳳呵癢）
鳳：（急躲）我怕，我怕！
鍾：小鳳，別鬧了，陪妳表哥聊一聊，我去廚房準備晚飯了。（鍾母下場）

羅：（注視看鳳一陣才說）小鳳，……七八年不見，妳可眞長得我都不認得了。

鳳：是嗎？……你自己還不是也長大了。

羅：小鳳，妳高中畢業了吧？

鳳：還差一年，要明年暑假才畢業。

羅：是嗎？……我記得，妳應該今年畢業才對。是不是留了級？

鳳：我生了場病，休學了一年。

羅：噢！……學校裡功課還好嗎？考第幾名？是第一、還是倒數第一。

鳳：（頑皮的）不告訴你！

羅：我聽姨媽說，妳經常去同學家跳舞，是嗎？

鳳：你再問我這些，我可不理你了。

羅：好……好……我們不談這些，談點別的。……姨夫，是去年夏天過世的？

鳳：嗯！……

羅：我記得他身體挺好的，怎麼會忽然就過去了呢？

鳳：他走路不小心，在樓梯上摔了下來，醫先說是「腦溢血」！

羅：噢，……那妳們現在的生活？

鳳：廠裡按月給我們一些生活費……還有，靠收一些房租，來維持生活。

羅：小鳳，高中畢業以後，妳還打算讀書嗎？

鳳：眼前，我還沒有決定，明年到時候再說。

羅：小鳳，和我一起到美國去，好不好？

鳳：到美國去？（不免神往）表哥，……你……要去美國留學？

羅：嗯，……妳也一起去，好不好？

鳳：太好了，……要是有一天，……我也能去到美國，我做夢也都會笑醒的！

羅：小鳳，是眞的嗎？（深情的拿起鳳的手，問著，他看著鳳，鳳低下頭，不語）

羅：（情不自禁，擁鳳入懷，正情意纏綿時，）小鳳……

（忽然門打開，滌生自外進入上場，二人分開，有些尷尬）

滌：小鳳！

鳳：喔……表哥，我來給你們介紹，……這位是我同學的哥哥徐滌生，……這位是我表哥羅麒，……他今天剛從日本回來。

羅：徐先生，請坐呀！

滌：（向鳳）對不起，妳有客人，……我回去了，……再見。（匆匆下場）

羅：咦，……他是怎麼回事？

鳳：誰知道……

（燈光暗轉）

（燈光照甲區，晚上，滌生在書桌上寫信，信寫好後，裝入信封，開始沉思，枕玉自內出，上場）

滌：枕玉，……妳能不能幫我一個忙，把我寫的這封信，送去給小鳳。

枕：哥哥，……你……不是不想再理小鳳了嗎？

滌：學校就要開學了，我想去台北以前，我和小鳳，再見一次面，好好談一談。

枕：哥，……我問你，……你到底喜不喜歡小鳳？……你要眞喜歡小鳳，我才答應給你送信！

滌：枕玉，……我喜歡小鳳，才給他寫信，……我約了她，希望她接信後來和我見面。

枕：哥，你有把握，小鳳她會來赴你的約嗎？

滌：只要妳把信送到她手裡，……她會去赴我的約的。

枕：我不相信，自從她表哥自日本來了以後，我看她，早就把你忘了……環島旅行回來以後，她表哥整天躭在她家裡，連日本都不想回去了！

滌：枕玉，……我相信，她會去赴約的，要不然，我可以和妳打賭！

枕：好，打賭就打賭，……你輸了，……就請我看一場電影！

滌：一言爲定！……那妳就快走吧！

（枕取信在手，外出，旋出去沒多久，又折回上場，手中多了一封信，交給滌）

枕：哥，……我在門口遇見郵差，喏……他給了我一封你的信……是你的同學汪婷婷寄來的，……她眞勤快，……平均三天就給你一封信。

滌：（接信後）枕玉，……快去快回，別耽誤了。

（枕玉下場，滌生撕開汪的信，打開來看）

滌：什麼？婷婷……要我去台北玩！……我才不去呢！……

（徐母病後，身體虛弱，搖搖幌幌自內出，上場）

滌：媽，……妳病了，醫生要妳吃了藥，躺在床上，多休息。

母：屋子裡太悶了，我出來透透氣，枕玉呢？……枕玉呢？

滌：她到同學家去了，一會兒就回來，有什麼事嗎？

母：沒有什麼，……滌生，……你在看誰寄給你的信？

滌：是汪婷婷寄來的信，……她要我去台北玩。

母：我看汪婷婷對你挺好的……你好像……並不太喜歡她……是不是？

滌：只是同學而已。

母：滌生，……你不是說，婷婷的父親，是一家貿易公司的董事長，家裡挺有錢的，對不對？

滌：對。

母：滌生，我覺得婷婷既然對你好，你也不該太冷落人家，你將來學校畢了業，有熟人，找個工作，不也方便得多嗎？

滌：媽，我才不想去靠她父親，幫我介紹什麼工作呢！

母：滌生，……還有一年，……你就大學畢業了，畢業以後，你到底有些什麼打算呢？

滌：我……希望能考取獎學金，到羅馬去學作曲，成爲一名作曲家！

母：滌生，出國去羅馬，怕要不少錢吧！

滌：能申請到獎學金，……就可以省不少錢！只是，不太容易！……因爲名額有限！

母：媽，希望你能出國深造……自從這一次我病了以後，我眞不敢想像自己還能活多久？醫生說……我的心臟病，是說走就走的，……要是眞有一天……

滌：（安慰母親）媽，……妳還年輕，不會的。……

母：（自口袋中掏出一個郵局存摺）媽，……這些年來，辛辛苦苦爲你存了一筆錢在郵局，只是不知道，夠不夠你出國的費用。假如你眞的一心想出國，留著出國用也好，要不然媽倒希望你能拿這筆錢，開個服裝公司，好好的幹一下。……孩子，靠音樂，作曲子，是不容易塡飽肚子的。

滌：媽，你存了多少錢？

母：你拿去看！（將存摺給滌看，滌接過存摺來看）……

滌：（驚訝的）啊！……這麼多！（將存摺交還母）

母：這些錢，是你父親死後，媽一針一線縫出來的，希望你別把它隨便亂花掉。（將存摺給滌）這存摺就放在你那兒吧！

滌：（將存摺交還給母）不，還是媽保管，比較好。

母：（又掏出一手巾包，拿出一疊鈔票給滌生）對了，星期一，你學校就要開學了，……你的學費，媽也給你準備好了，希望你用功讀書，總要給媽爭氣，知道嗎？

滌：（深受感動，伏母膝）媽，……我知道。

母：你去台北要帶去的行李、衣服，有空就自己整理整理吧，媽，這兩天不舒服，就不來管你了。

滌：媽，妳放心吧，我自己會整理的。

母：這樣就對了，滌生，你的年紀也不小了，眞不該再讓媽媽，老給你操心了。

滌：是的，媽！（說著，轉身去擦臉上的眼淚）

（暗轉）

（燈光轉丙區，下弦月在天上掛著，滌生一人坐在土堆上，夜風習習，蛙鳴聲叫著，滌生有些無奈的拿出口琴來吹奏「一襲輕紗萬縷情」的主題曲，……稍頃，遠處傳來枕玉的叫聲：「哥哥，哥哥……」漸近，枕玉在小橋上出現，上場）

枕：哥哥，你怎麼不回去，都快十點了……小鳳，一定不會來了，你還是回去吧，你和我打的賭，……你是輸定了……

滌：不，……她會來的，我相信，她會來的。

枕：你和她約的不是八點嗎？你看看錶，現在幾點啦？

滌：不管怎麼樣，我一定要等到她來，我才走！

枕：她要是一直不來呢？

滌：那我就等到天亮！

枕：（無奈）好吧，你就在這兒等吧，我可要回去了。

滌：要是媽問起我，妳就說我已經睡了！

枕：哥哥，……你眞要在這兒等到天亮？

滌：嗯！……我相信小鳳會來的，妳先回去吧！

（枕玉頻頻回首，下場離去）

（滌生拿出口琴，又吹了起來，吹了幾句，停下來）

滌：小鳳，眞的不會來了嗎？（看手錶）啊……已經十點半了！……小鳳……眞的，……不

來了……

（小鳳已走上小橋，向滌生緩緩走近）

鳳：（低聲）滌生，……對不起，……我來遲了……

滌：（一驚征住）小鳳，……妳……眞的還是來了。

（二人相擁，並肩在土堆上坐下）

鳳：滌生，……原諒我，……遲到了。……你從八點鐘起，一直等到現在？

滌：是的，……因爲明天，我就要回台北讀書去了，我希望離開桃園以前，能當面向妳解釋，我對妳的誤會。

鳳：你明天就回台北？

滌：學校開學了，我能不去嗎？我希望你能給我寫信，好嗎？

鳳：我的字寫得不好！

滌：我不會計較這些的！……至少三天要寫一封！

鳳：你明天幾點的車？要不要我去車站送你上車。

滌：我搭上午十點鐘的快車……

鳳：啊，……眞巧，我表哥，他也搭那班車。

滌：（不悅）小鳳，……妳表哥還沒有走？

鳳：他明天和你一起走。

滌：小鳳，他以後，還會來台灣嗎？

鳳：誰知道，……他要我和他一塊去日本玩呢？

滌：小鳳，妳不會去日本吧？

鳳：怎麼？你不希望我去日本！

滌：是的，……妳肯答應我嗎？

鳳：（不悅，站起來）爲什麼我要答應你……滌生，……你好自私，……我回去了！……

（生氣地離去，下場）

滌：（也起立）小鳳，……小鳳。……

（燈光暗轉）

（晴天霹靂聲，雷雨聲，字幕打出民國四十五年五月十日，燈光閃電照亮甲區，牆上掛著徐母的遺像，枕玉臂上戴孝在哭泣，小鳳在旁勸慰）

鳳：枕玉，……眞沒想到，伯母心臟病發，突然過世了，……妳別哭了，還是節哀順變吧！

枕：唳，媽走了，……今後的日子怎麼過呢？……

鳳：枕玉，……不是說，……你哥哥決定休學了嗎？……他會負起責任，來照顧這個家的。

……啊，……你哥哥，他回來了……

滌：（自外進入上場）枕玉……別難過，從明天起，妳還是去學校恢復上課，……我方才和周伯伯談過了，他很贊成我開服裝公司的計劃，他已經決定拿出一筆錢來，和我們合作，他要我明天就和他去找房子，……爲了實現母親的心願，我想我們一定能幹得成功的。

枕：哥哥，是眞的嗎？

滌：當然是眞的，……媽過去的老主顧，是我們的基本客戶，他們一定會支持我們的，……小鳳，……妳也會支持我們的服裝公司吧！

鳳：我……支持你成功。

枕：哥哥，……放棄了你的音樂，你不感到難過？

滌：等服裝公司辦成功了，……我依然可以去學音樂的，目前，我們必須面對現實，生活下去最要緊！

枕：對。

滌：小鳳，……希望妳依然常來我們家玩，……好不好？

鳳：好，……我會來玩的！

（滌生伸出手，鳳也伸手，互握在一起，枕玉與之擁抱在一起）

（幕徐徐落下）

第二幕

景：舞台上仍分爲三部份：（甲）區改爲徐滌生的工作室，一些畫圖的辦公桌，上面放著不少服裝式樣的圖書，剪刀、軟尺，一旁有一對較大沙發，供客人坐用。有一面大的穿衣鏡，衣架，模特兒，一角有屏風，能換衣用，牆上貼了一些畫報上剪下來的服裝式樣，另有一招牌：「滌生服裝公司」。（乙）區、（丙）區與第一幕同。

時：民國四十六年秋天

地：桃園

人：徐滌生、汪婷婷、徐枕玉、鍾小鳳、鍾母、羅麒

幕啓時：

滌生在看信。幕後汪婷婷將信唸出來。

汪：（O．S）滌生：昨天寫給你的信，收到沒有？怎麼不給我回信呢？你說你公司的生意很好，最近賺了錢，打算另找門面擴充營業，眞使我高興，我相信，你一定會成功的，學校快開學了，希望你能回來復學，快來吧，我在等著你，汪婷婷。

滌：啊，……時間過得眞快，一眨眼，一個學期都過去了！（陷入沉思……）

枕：（拿著一本服裝圖樣書自內出上場）哥哥……

滌：（沉思中，未聽見）……

枕：（走近）哥哥，你在想什麼？

滌：枕玉，……有什麼事嗎？……

枕：（取圖樣書交滌）你設計的這套服裝，很好看，是誰訂的？

滌：沒有誰訂，……我自己設計，打算做好了，送給一個人的。

枕：送給誰？

滌：妳猜！……是妳認識的。

枕：汪婷婷。……

滌：不對，……不是她。

枕：那……是誰呢？……難道，……是鍾小鳳？

滌：對了，……是小鳳。

枕：哥哥，……小鳳都快半年沒到我們家來了，……你還是沒有忘記她？

滌：枕玉，……有許多事，妳也許是無法了解的，……這眞是很微妙的事情！

枕：哥哥，你既然這麼喜歡小鳳，爲什麼不加緊追呢？……小鳳和她母親，都到日本去了，說不定和她表哥，在日本結了婚，就不回來了。

滌：不，……我相信她會回來的，她還年輕，她不會這麼快就結婚的。

枕：這……可說不定，小鳳最會變卦，她媽常說她一天有十七八個主意，神仙也猜不著她下一分鐘想做些什麼！

滌：是嗎？……她會和她表哥在日本結婚……不……這是不可能的，學校馬上就開學了，……我想也許就在這一兩天，她就會回來上學。

枕：哥哥，你剛才一個人在發愣，……就是在想她，是不是？

滌：我好幾次，想請妳帶信給她，總覺得有傷自己的自尊，……現在，我眞後悔，同意她去日本玩的！

枕：哥哥，你這些話，怎麼不早告訴我呢！你難道一點兒也不瞭解小鳳的個性嗎？她做什麼都拿不定主意，一點小事，都猶豫不決，有一次，我陪她去買皮鞋，大街上逛了三個小時，結果，……還是穿了那雙舊皮鞋回家！

滌：枕玉，等小鳳回來，……我會把這件洋裝（拿圖樣書在手）做好，麻煩妳代我送去，要她收下，……希望她繼續來我們家玩，好嗎？

枕：哥哥，……你……「眞」的愛上了小鳳？

滌：是的，……我不能沒有她，……就像魚不能沒有水一樣。

枕：那汪婷婷呢？

滌：她……永遠只是我的一個同學而已。

（燈光暗轉）

（乙區燈光亮，羅麒和小鳳在談話）

羅：小鳳，……我媽送妳的那套日本和服，……妳怎麼不穿呢？不喜歡啊？

鳳：和服……太日本味了，……我不想穿！

羅：小鳳，……我父親、母親都很喜歡妳，希望妳留在日本，……妳爲什麼不肯呢？

鳳：日本又不是我家！……爲什麼我要留在日本？……

羅：妳……若是同意……和我結婚，……我們不就是一家人了嗎？

鳳：我高中還未畢業，我才不想這麼快……就結婚呢！

羅：我知道，……妳是想嫁給妳同學的哥哥，……那個學音樂的，是不是？

鳳：麒哥，……你別胡說八道！

羅：小鳳，……妳可願意……和我做一個遊戲？

鳳：什麼遊戲？

羅：讓我和妳比一比，……看誰的臉長。

鳳：誰的臉長？（不解）這有什麼好比的？

羅：誰的臉長，……就是誰的壽命長啊！

鳳：噢，是嗎？……這是誰說的？

羅：這是根據……一個看相的人說的！

鳳：眞的嗎？……那我一定比你長，……你有尺嗎？

羅：用不著尺，……這樣一比，……不就行了嗎？（用手扶著鳳的腦袋）喏，眼睛對眼睛，……鼻子對鼻子，嘴……對嘴！（一邊說一邊比，說到嘴，鳳才恍然大悟，立刻掙脫，

用手捶羅）

鳳：啊，……你壞死了，……原來，……是想佔我的便宜！……

羅：（大笑）哈……

（鍾母自外進入上場）

鍾：小鳳，妳幹什麼，怎麼可以打表哥呢！

鳳：表哥……他壞死了……他欺負我。

羅：姨媽，……我和小鳳在做遊戲！

鍾：做遊戲可以，……可不准你欺負小鳳！……

羅：姨媽，小鳳高中畢業以後，……妳和小鳳，再到日本來玩，……除了東京，……還有大阪、北海道，都很好玩的。

鍾：北海道……聽說……很冷吔！……

羅：冷，可以看雪景，冰雕，……還可以滑雪，吃火鍋！……小鳳，妳在台灣，……還沒見過雪吧？

鳳：媽，……我去日本，……我要你陪我一起去！

鍾：小鳳，……羅麒他們家，……都歡迎妳再去日本玩，……他們還希望妳……嫁到羅家，做他們家的媳婦呢！

鳳：媽，……我不嫁人，……我要和妳永遠在一起！

鍾：（笑著）小鳳，女孩子大了，……遲早總要嫁人的，妳沒聽說過：「男大當婚，女大當嫁」嗎？

鳳：媽，……妳在笑我，是不是！（撒嬌的，倒入母懷）

（燈光暗轉至丙區燈亮，滌生一人寂寞的等待著，看手錶，將小石子，丟入池塘中）

（稍頃枕玉拉著小鳳，在橋上出現）

枕：哥哥，……我可把小鳳找來了，……我走了，……你們聊吧！

鳳：枕玉，……妳別走！……

（枕玉離去，滌生陪小鳳，在石頭上坐下）

滌：小鳳，……讓我仔細看妳一下，好嗎？……（鳳不語）好久不見，妳去了一趟日本，……好像瘦了，……日本好玩嗎？

鳳：日本不錯。

滌：我眞耽心妳不會回來了，……我……怕妳……留在日本，……和妳表哥結婚了！

鳳：我不是回來了嗎！……

滌：學校畢業以後，……妳別考大學了，……到我服裝公司來，幫我工作好嗎？

鳳：等我畢業以後……再說吧！……對了，謝謝你送我的那套洋裝，那式樣，我喜歡。

滌：小鳳，妳不是故意在給我戴高帽子吧！

鳳：我是說實在的，前兩天，我有一個同學的姐姐結婚，聽說，她那套白紗的新娘裝，就是由你給設計的，參加婚禮的人，沒有一個不叫好的。

滌：是嗎？

鳳：大家都說，這套禮服好別緻呀，從來沒看見有人穿過這樣漂亮而又新式的新娘禮服。

滌：小鳳，……那只是我的一次嘗試而已，……要是有一天，妳結婚的話，我一定給妳設計一套更別緻的，……完全與衆不同。

鳳：是嗎？滌生，你開了支票，將來可要兌現的喲！

滌：絕對兌現……只是，事先，妳一定得通知我才行。

鳳：那當然，希望那一天，你已成了最有名的服裝設計師。

滌：小鳳，妳想，我會有那一天嗎？

鳳：當然會有的！……怎麼，你自己反倒沒有這份信心？

滌：我的信心，需要妳來培養和鼓勵才行。

鳳：是嗎？

滌：（握住鳳的雙手）小鳳，……是眞的，妳難道不相信嗎？

鳳：（二人相對而視）……我……我相信。

（燈光暗轉）

（燈光再亮時鍾家桌子上放了一堆禮物，鍾母打開來看，有吃的，有衣料，小鳳自外進入上場）

鳳：媽，……這麼多東西，是誰送來的？

鍾：是妳表哥，託人帶來的。

鳳：表哥，他……又到台灣來啦？

鍾：他是到香港去，飛機路過台灣，他特地託一個朋友，從台北到桃園來帶給妳的。

鳳：這些東西，全是送給我的？

鍾：也有些是送給我的。

鍾：小鳳，……妳學校，什麼時候舉行畢業考啊？

鳳：下星期就考了。

鍾：考完了，是不是就畢業啦？

鳳：嗯。

鍾：小鳳，來，坐下，媽，有些話，想問妳。

鳳：（坐下）媽，……妳想問我什麼？

鍾：小鳳，……媽就妳這麼一個女兒，……妳的終身大事，媽絕不干涉妳，只是媽想知道一下，你到底是喜歡徐滌生呢？還是喜歡妳表哥羅麒？

鳳：我……（猶豫、矛盾）……自己也不知道，到底比較喜歡誰？媽，我還小，……我根本不打算結婚！

鍾：什麼？高中都快畢業了，妳還小，還不打算結婚？

鳳：媽，……我不想離開妳，爲什麼，妳一定要逼著我結婚呢？

鍾：男大當婚，女大當嫁，妳想不結婚過一輩子？妳要早結了婚，媽也好早了一件心事。……近來，我看妳和徐滌生常在一起，妳是不是眞的很喜歡他？

鳳：媽，妳覺得他怎麼樣？

鍾：他年紀輕輕，就開設一家服裝公司，是不容易，再說，他也有了經濟基礎……但是，……我總覺得他左右不過是裁縫師傅，將來不可能有大的出息，……小鳳，妳……覺得，妳表哥，比不上他！

鳳：（思索著，自言自語說）表哥，……和他完全是兩個不同的類型，妳叫我怎麼比？滌生比較內向，什麼話，都放在心裡，許多事情，他都是做了才告訴我，而表哥卻完全相反，他是說了才做，肚子裡，什麼話也藏不住，媽……我眞不知道，究竟應該喜歡誰才對！

鍾：小鳳，終身大事，關係妳一輩子的幸福，妳怎麼也是拿不定主意呢？……依我看，無論就學問、家庭、前途、人品、各方面來說，羅麒要比滌生強多了，何況羅騏和妳又是表兄妹，……再說他媽，也很喜歡妳，要是眞能結成親家的話，那是再好也沒有了。

鳳：（不耐煩）媽，我得去準備功課，……等我畢業考完了，……再說好嗎？

鍾：那也好，不過，……我覺得，妳和徐滌生，還是少來往的好，那是不會有什麼結果的。

鳳：（下場）媽，……我看書去了！……

（燈光暗轉）

（甲區燈光亮，滌生將一件新娘禮服，穿在模特兒身上，一邊用軟尺，爲之量尺寸，用筆記下，汪婷婷自外上，滌未察覺）

汪：嗨！……

滌：（被嚇一跳）是誰呀？嚇我一跳！

汪：滌生，……我今天來……是找你和我一塊去台北跑一趟。

滌：和妳一起去台北，做什麼？

汪：我爸爸打算在台北和人合夥開一家服裝公司，想請你去當經理，你肯屈就嗎？

滌：婷婷！……妳是和我開玩笑，是不是？

汪：不是和你開玩笑，我希望你馬上就和我走，我爸爸，……等著和你見面，好好談一談！……他還計劃，服裝公司開幕以前，爲增加氣勢，先辦一個大規模的服裝展覽呢！由你來主持。

滌：婷婷，……我又不認識妳父親，……他怎麼會請我去做這樣的事呢？

汪：我向我父親推荐的啊，……滌生，別猶豫了，……我們現在就走，到了台北，……你就相信，……我不是和你在開玩笑了。

滌：我還有一些事要辦，……我們明天去行不行？

汪：也可以呀！……

滌：（向內叫）枕玉，……枕玉……！

枕：（自內出上場）哥哥，你在叫我？

滌：是的，……妳陪汪小姐在這聊一會兒，我去小鳳家跑一趟，……明天，我……會去台北。

枕：好的！

滌：婷婷，……再見。（下場）

枕：汪小姐，妳是從台北來？

汪：是的！

枕：時常收到妳寄給我哥哥的信，妳的字寫得可眞漂亮。

汪：那裡。

枕：汪小姐，我有句話，不知道，是不是可以問妳？

汪：什麼話？

枕：妳是不是……很喜歡我的哥哥？

汪：是的。

枕：可是……妳知不知道，我哥哥已經有了一個很要好的女朋友。

汪：是不是……妳的同學，叫鍾小鳳的，我曾經見過她。妳哥哥……眞的和她很要好嗎？

枕：是啊，……他曾經和我說過，……他不能沒有小鳳，就像魚不能沒有水一樣。

汪：是嗎？

枕：汪小姐，我知道妳很喜歡我哥哥，所以，才告訴妳這件事，……妳不會怪我多嘴吧！……

汪：他們……是不是已經訂了婚？

枕：還沒有，……不過，……我想遲早他們會結合在一起的。

汪：枕玉妹妹，謝謝妳，……在一切未成定局之前，我不會宣佈退卻的。

枕：汪小姐，……妳？……

汪：我不是個弱者，……凡是我想要的，……一定要得到，……妳哥哥我也不會讓他例外，……我……先回台北去了，妳哥哥回來，……妳告訴他，明天，……我在台北等他！

枕：汪小姐，……妳不坐一會兒？

汪：不，我走了，再見。（下場）

枕：再見。不送了。

（燈光暗轉）

（燈光乙區亮著，鍾母在看信）

鍾：小鳳，來看羅麒他爸爸來信，……關於羅麒和妳的婚事，希望妳儘快有個決定，……羅麒他會來桃園，和妳當面談！……

鳳：（自內出上場）媽！羅麒他爸來信，怎麼說？……

鍾：（將信交給鳳）妳自己去看吧！

鳳：（看完信）媽，妳給我出個主意好不好？我……想到美國去，可是我又不想嫁給我表哥！

鍾：等妳表哥來了，……妳自己去和他說罷！……小鳳，妳已長大了，不能什麼事，都三心二意！媽懶得再和妳說了，我得去準備晚飯了！……羅麒來了，……我得留他在家吃晚飯！

（鍾母下場後，小鳳獨自在徘徊，拿不定主意）

（稍頃屋外郵差叫鍾小鳳「掛號信」。小鳳即去拿印章取了信回來，撕開來看）

鳳：啊，是汪婷婷從台北寄來給我的。

汪：（O·S）小鳳小姐：希望妳接信看了以後，不必太驚奇，我現在告訴妳一個消息，就是今天下午，我汪婷婷和徐滌生，在台北已經正式宣佈訂婚了，希望妳今後不再和滌生通信與來往。最後祝福妳早日找到理想的對象結婚吧，再見。汪婷婷上。

（強烈配音）

鳳：什麼？滌生去了台北，……已經和汪婷婷訂婚啦！（痛哭失聲）媽，……這是眞的嗎？我不相信！（大叫）我不相信。

鍾：（聞聲自內出上場）小鳳，……妳怎麼啦？……

鳳：（取信給母看）媽，……妳看！……滌生在台北和人訂婚了！

鍾：（接信來看）……汪婷婷，是他的同學！對不對？

鳳：（傷心的哭了）完全把我蒙在鼓裡，……他……竟然說變就變！

鍾：小鳳，別哭了，……幸虧妳沒和他結婚！要不然就慘了，（拿手絹給鳳）振作起來，把眼淚擦了，……妳還有表哥在，怕什麼！

（敲門聲）

鍾：誰呀？（母去開門，羅麒上場）

羅：姨媽，……是我呀！……（將手中大包小包禮物送上）

鳳：表哥，你怎麼說來就來呀？

羅：東京到台北，每天都有班機呀！小鳳，這是妳愛吃的日本蘋果，看到我來，妳高不高興？

鳳：表哥，你眞的下半年，就去美國留學呀！

羅：是啊，爲了等妳，我已遲去了一年！……妳……願不願意和我一起去呀？……去美國陪我讀大學。

鳳：媽，……我想和表哥一起去美國留學、讀書，可以嗎？

鍾：妳願意，你表哥同意，媽絕不反對！

鳳：媽，……我想和表哥，一起去美國，不僅是留學、讀書，同時，……也去美國結婚度蜜月，可以嗎？

鍾：小鳳，……妳願意，妳表哥同意，……媽……更是舉雙手贊成！

鳳：媽！（投入母懷）妳眞好！

羅：（高興）謝謝姨媽！

（鳳將汪婷婷的信，撕成粉碎燈光暗轉）

（燈光甲區枕玉在裁剪衣料，滌生夾一公事包自外上場）

枕：哥，你去台北回來啦？

滌：枕玉，我告訴妳一個好消息……汪婷婷的父親，決定在台北開一家大規模的服裝公司，請我去當經理，那公司的房子都訂下來了，……正在粉刷裝璜呢！

枕：那我們這兒怎麼辦呢？

滌：我想暫時，由妳來負責一個時期。他們爲了擴大宣傳，要在公司正式開幕以前，先舉行一次盛大的服裝展覽會，邀請一些名媛閨秀，來擔任模特兒，展出的服裝，指定由我來負責設計和策劃……

枕：哥哥，我聽說你……

滌：妳別插嘴，聽我把話講完了再說，婷婷的父親，爲了使這次的展覽，能夠突出和成功，特別要我去法國巴黎各服裝公司跑一趟，……枕玉，妳說，……我是不是運氣來了。

……

枕：哥哥，你出國，是不是和汪婷婷一起走？

滌：是啊……

枕：我聽說，你和婷婷，在台北已經正式宣佈訂婚了，對不對？

滌：（訝異）枕玉……妳說什麼？我和婷婷在台北宣佈訂婚啦？這是誰說的？……我怎麼會和婷婷訂婚呢？

枕：是婷婷寫信來告訴我的啊！我還眞不敢相信！難道是婷婷說謊、騙我的！……

滌：豈有此理，婷婷怎麼可以……隨便亂說呢？

枕：哥哥，有件事，你也許也不知道，……你心愛的小鳳，已經和她表哥羅麒訂婚了，下個月就結婚，……去美國度蜜月！

（強烈配音）

滌：（恍惚，思考了半晌）枕玉，……妳剛才說，小鳳和羅麒要結婚去美國度蜜月？……我不相信，小鳳怎麼突然……會作這樣重大的決定？……這是不可能的事！……我要去找小鳳，當面問個清楚！

枕：哥，……你別衝動，……你不妨寫信約小鳳出來問個清楚。……

滌：好，……我這就去寫信，約小鳳來和我見面！

（燈光暗轉，再亮時，仍在原地。小鳳自外上場）

滌：小鳳，……我想，……妳大概不會來見我了。

鳳：爲什麼？

滌：妳不是已經和妳表哥訂婚了嗎？……何必再來見我？

鳳：你還不是一樣，既然和汪婷婷訂了婚，爲什麼還約我來見面呢？

滌：是誰告訴妳，我和汪婷婷訂婚了，那是莫須有的事！

（強烈音效）

鳳：什麼？……你沒有和汪婷婷訂婚？……是汪婷婷她騙了我？

滌：小鳳，……除了妳，……我不會和任何女孩子訂婚和結婚！

鳳：她寫給我的信，……你拿去看吧！（取出信交給滌，滌看後，十分生氣！）

滌：眞想不到，她會拿這樣卑劣的手段來對付妳，……太可惡了。

鳳：要不是這封信，我才不會答應我表哥的求婚！（哭泣起來）

滌：（安慰小鳳）小鳳，……別哭了，……事情還可以挽回嗎？

鳳：婚期都已定了，……喜帖也印了，……禮堂、酒席……都安排好了……滌生，大概是……我們沒有「緣」！（哭泣）

滌：該怪我自己，……既然不喜歡她，爲什麼還和她來往。（拿手帕給鳳擦淚）小鳳，……妳還記得嗎？……我曾經答應過妳，在妳結婚的時候，我要親自設計，送妳一套新娘禮服。

鳳：我記得……

滌：眞想不到，當妳穿上這套白紗的禮服，進入禮堂，站在妳旁邊的人，卻不是我！

鳳：滌生，忘了這件事吧，我知道你心裡很難過，你沒法完成這樣的一件禮服的。

滌：不，小鳳，……我一定要兌現我說過的話，月底以前，……我一定會完成，……要枕玉給妳送去！

鳳：滌生，……謝謝你，……這套禮服，……我會永遠保存著，……做永久的紀念。……

（燈光暗轉，小鳳已下場，枕玉穿著新娘服，滌生看向枕）

枕：哥，……你台北不去啦，……出國去法國巴黎，也放棄啦，……不太可惜了嗎？

滌：（用大頭針，在新娘裝做修正）好了，……枕玉，……可以脫下來了，……這婚紗，……也不要太長了，……

滌：（枕玉至屏風後，脫下新娘裝，換穿便裝）（取一紅紙，上寫：「小鳳小姐：新婚誌喜，徐滌生敬賀」放入紙盒；枕玉將脫下的禮服放入服裝公司之紙盒）枕玉，麻煩妳送去吧！

枕：哥，……要不要放一封信，在裡面？……

滌：不用了，……我已經放了，……妳快去吧！

（燈光暗轉）

（燈光乙區燈亮，屋內佈置有喜氣，貼紅囍字，門鈴響，鍾母去開門，枕玉拿紙盒上場）

枕：伯母，……小鳳在家嗎？

鍾：她出去買東西了，……枕玉，妳又送什麼來？

枕：這是我哥哥要我送來的，是他特意爲小鳳設計的新娘禮服。

鍾：（打開紙盒）新娘禮服。

枕：嗯！

鍾：好漂亮，代我謝謝妳哥哥，……明天，要妳哥哥和妳一起來喝喜酒。

枕：好，……我們會去的！……伯母，我回去了！

鍾：枕玉，……好走，……我不送了。……

枕：再見。（下場）

鍾：（打開新娘禮服來看）好漂亮的禮服……小鳳看見了一定好高興。……

（鞭炮聲，婚禮進行曲升起，燈光暗下去，幕落）

第三幕

景：舞台上，仍區分三部份：（甲）是一間日本式的房屋的樓上，四週用日本式的拉門，地上舖塌塌米，有日本式四方矮桌、坐墊、客廳、臥室都在此，有書桌、縫衣機、壁櫥、陳設雜亂，窗外可看到樹梢，表明在樓上。（乙）是日本房屋的門口，有庭院，日本式石亭，花木。（丙）區在舞台左後方，同前二幕有小橋，土堆上有石塊可坐，池塘有水。

時：民國五十五年，相隔十年後。

地：日本東京，台灣桃園。

人：羅麒：十年後，已是中年人。

小鳳：十年後，中年婦女，略蒼老。

羅幼華：羅麒女兒，八歲。

徐滌生：亦已是中年人。

徐枕玉：十年後，中年婦女打扮。

林太太：四十餘歲，旅日華僑，小鳳的女房東。

幕啓時：

燈光亮在丙區，滌生一個人在沉思，用小石子丟入池塘，引起漣漪。主題曲「一襲經紗萬縷情」配音

（用燈光疊印在佈景上，小鳳仍穿學生制服）

鳳：（O‧S）你教我唱「一襲輕紗萬縷情」好不好。

滌：好呀！（取出口琴，吹奏起來）

鳳：（O‧S）一襲輕紗，一襲輕紗，愛情一襲輕紗，……如幻影，如幻影……縈繞我的心靈……

（遠處傳來枕玉的叫聲，「哥哥，哥哥……」歌聲被打斷，小鳳畫面消失，（枕玉在小橋上出現）

枕：哥哥，……我知道，你準在這兒。

滌：枕玉，……找我有什麼事？

枕：三嬸不是約好，給你介紹女朋友嗎？你忘了？

滌：我沒忘，……只是我不想去！……妳回去告訴三嬸，說我這輩子不結婚了，……不用再來麻煩我了……

枕：哥……都，……十年了，……你還忘不了小鳳！

滌：對，……我忘不了小鳳……妳快回去吧！

枕：好……我回去……回了三嬸！

（枕黯然離去，下場）

滌：十年了，……時間過得眞快。……

（燈光轉暗）

（燈光照甲區，鳳在屋裡踩著縫衣機做童裝，童裝完成了，她拿起來看看，幼華，背書包，穿日本小學生制服上場）

幼：媽，我回來了。

鳳：幼華，來，……把這件衣服，穿給媽看看。

（幼華放下書包，把衣服換上新裝）

鳳：妳穿著還舒服嗎？

幼：正好！

鳳：那就好了……幼華脫下來吧！

幼：媽，……妳不是做給我穿嗎？……媽，……我要穿這件新衣服。

鳳：幼華，聽媽的話，……脫下來，別弄髒了，……客人要講話的，知道嗎？

幼：（猶豫，不肯脫）媽，……我……喜歡這件新衣服……

鳳：幼華，乖，別不聽話，讓媽生氣，知道嗎？

（幼華這才將新裝脫了）

幼：媽，……爸爸呢？還沒回來？

鳳：嗯！

幼：媽，……老師說，星期天，學校要去日比谷公園郊遊，大家都要去，媽給我三百塊錢，……我也要去！

鳳：要三百塊？

幼：嗯，……老師說，明天就要繳！

鳳：（有點爲難，但爲了愛女兒，只好答應）好，……媽給妳。（自皮夾取三張百元日幣給幼華，幼高興接過）

幼：謝謝媽。

（林太太上樓梯上場）

林：羅太太，妳還在趕工啊？……妳先生，還沒回來？……

鳳：林太太，請坐，……幼華，給林媽媽去倒茶。

林：不用客氣了。（幼華本想去倒茶，爲林所阻，她就去做功課）

鳳：林太太，眞對不起，……我先生還沒回來，……這個月的房錢，又要延後幾天了。

林：嗯，沒有關係……等妳有了錢，再給我也是一樣的，……妳先生沒有工作……這也是難免的。

鳳：林太太，幸好妳教我學會了做童裝，要不然，……這日子怎麼過得下去。

林：羅太太，房錢不急，……妳還是注意保養身體要緊，有時候，我看妳夜深了，妳還在趕工，……太辛苦了，妳會病倒的。好，……妳忙吧，我不打擾妳了。（告辭下樓下場）

幼：媽，天黑了，我開燈好嗎？

鳳：好！……（幼去開燈）奇怪，……妳爸爸，怎麼還不回來？

（幼開燈後，去做功課，鳳繼續踩縫衣機做衣服。稍頃，羅麒一臉鬍子未刮，失意倒霉的樣子，穿茄克，未打領帶上場）

幼：爸爸，……你回來啦？

羅：嗯！

鳳：回來啦。你去見的人，見到了嗎？

羅：（生氣的）我沒見到人，……我見到的，都是「鬼」！

鳳：你跑了一天，累了吧？要不要現在開飯？

羅：也好。

（鳳不再做工，去把飯菜放矮桌上，幼華放碗筷，不再做功課）

羅：酒呢？……我要喝酒！

鳳：酒，昨天不是喝完了嗎？……麒，……你還是少喝一點好！

羅：怎麼？（生氣）妳酒都不讓我喝了，……我……偏要喝！

鳳：剛才房東太太已經來過了，……這個月，房錢還沒付吶！

羅：（發火）妳到底去不去買酒？……嚕哩嚕嗦的，……我不要聽（大聲）我不要聽！

鳳：（將錢包給羅看，只剩幾個銅板）我沒有錢了，……幼華學校要去郊遊，我三百塊給了她，……那兒還有錢，去買酒呢？

羅：幼華……把三百塊錢給爸爸。

幼：（向媽求援）媽……

羅：把錢給爸爸，……聽見沒有？

幼：（無奈，只好交錢給爸爸）明天，……老師要收的……

羅：（拿錢在手放桌上）拿去，……現在可以去買了吧！

鳳：羅麒……別喝了，酒喝多了，傷身體，醉了，又吵又鬧，給鄰居聽到了多不好！

羅：妳不去，是吧？……好，……妳不去，我自己去！

（羅說完氣憤的拿了錢，下樓去下場）

幼：（見錢被父拿了去，哭向母懷）媽！……

鳳：幼華，……可憐的孩子，……（二人相擁哭泣，悲哀的音樂升起）

（燈光暗轉）

（燈光照院子裡，林太太在用水壺澆花，聞敲門聲去開門，迎鳳上場）

林：羅太太，妳可回來了，錢借到沒有？

鳳：（搖搖頭）沒有！（鳳手裡拿了一包東西）

林：給妳先生看病的醫生說，……妳先生的病很嚴重，不能再喝酒了，最好去醫院住院，……可能要開刀動手術，……才能治好！

鳳：開刀住院，那要多少錢？……我那兒還有？一些過去，我先生父親的好朋友，見了我，就像陌生人一樣！

林：羅太太，不是說，妳公公過去做進出口生意，開了好幾家公司，如今死了還沒有幾年，……你們怎麼會落到這步田地呢？

鳳：我死去的婆婆，怪我的命不好，說公公是被我尅死的！我先生本來帶我去美國讀書，……因為公公得急病過世，……沒畢業就回國來！……他又不會做生意，……加上市場又不景氣，失敗了，還不肯認輸，……婆婆又氣又罵！……不到半年跟著一病不起，……整個家道就這樣中落，一蹶不振了，唉，……怪誰呢！

林：羅太太，……妳先生的病……眞要開刀住院，……不能拖喲！……若是手邊不太方便，鳳：……我可以借錢給妳……

林太太，……謝謝妳，……等我回去，看了我先生情況再說。我買了針藥回來。

（欲上樓回家，忽見幼華自樓上下來上場）

幼：媽，……爸……說他的胃又在痛了，……妳快上樓去看一看。剛才我看見他在痰盂裡吐了一些血！

鳳：啊，……吐血！

林：準是他喝酒喝得太兇了。

鳳：這可怎麼辦呢？

（鳳、幼二人一同上樓去。林未上樓）

（燈光暗轉）

（燈光照樓上羅家，日本式房子，沒有床，羅麒墊著枕頭，躺在塌塌米上，下有棉被墊，身上蓋著被子，旁有一痰盂，他在休息，鳳手拿一包針、藥上場，幼隨後，伏案做功課）

（看一下痰盂）

鳳：麒，……你怎麼啦？……胃又不舒服吐血啦？

羅：（拭去眼淚）小鳳，……吐了才舒服些，……現在沒什麼，好多了。

鳳：（打開手巾包拿出針盒及藥瓶）麒哥，你看，醫生開的針、藥，我都給你買來了！你的

病很快就會好的，我先給你吃藥。（去倒水，打開藥瓶，拿藥給羅服下，再爲之打針，打手臂）

羅：小鳳，妳那裡還有錢去買針、藥呢？

鳳：你不用管這些，安心養病，一切等病好了，再說。

羅：小鳳，……（把手上的戒指脫下交鳳）剛才，我看戒指上，刻著我們結婚的日子，是民國四十四年八月，我們結婚已經十年啦，時間過得好快，小鳳，十年來，我給妳只是帶來痛苦，毫無幸福可言，希望妳能原諒我。……這戒指，妳拿去，必要的時候，……就把它賣了……（將戒指給鳳）

鳳：麒哥，……這是唯一的紀念品，還是你留著！（鳳退回戒指）

羅：我知道，……我的病，不會好了，……幼華還這麼小，往後的日子，眞苦了妳了。

鳳：麒哥，不許你再和我說這樣的話。……

羅：（扶著鳳的手）小鳳……

鳳：唔！……

羅：妳還記得妳第一次到日本來，回去以後，我和妳比誰的臉長，這件事嗎？

鳳：我……記得……

羅：那時候，我說，……誰的臉長，就是誰的命長……想不到……如今，竟是我比妳先離開這個世界！

鳳：（痛苦的，用手摀住羅的嘴）麒哥，……我不讓你再說不吉利的話，過些日子，等你病好了，……我們再好好的慶祝一下。

羅：（苦笑）小鳳，……還有什麼值得慶祝的，……十年了，……妳蒼老了不少，……都是我害妳的，……妳不恨我嗎？……（激動的）我……是個沒用的丈夫……（因過於激動，又噁心起來）

鳳：（拿過痰盂接住，羅又吐起血來）幼華……

幼：媽，……爸又吐血了……

鳳：別做功課了，……快下樓去打電話，找醫生來。

幼：是，媽。（匆匆下樓下場）

（鳳去倒痰盂，稍後，服侍羅躺下，墊高的枕頭拿去，讓羅平躺）

（屋內燈光漸暗，鳳疲累睡著了）

（稍頃，……寂靜……只聞鐘的嗒聲）

（幼華，腳步輕聲上樓來）

幼：媽，……醫生說，他忙，走不開，……停一會兒就來。……

鳳：（被叫醒）幼華，妳回來了！……

幼：（去看爸）爸，……醫生一會兒就來了……（爸不應）……爸是不睡著了？（去撲爸，發覺冰冷，大驚）爸……媽，……爸……他……死了。……

（強烈配音）

鳳：麒哥！……（伏屍大慟）

（悲涼的音樂升起）

幼：（痛苦）爸……

（幕徐徐下）

第四幕

景：同第三幕

時：距第三幕數月後

地：日本東京、台灣桃園

人：小鳳、羅幼華、徐滌生、徐枕玉、林太太

幕啓時：

林太太在院子裡澆花，幼華背著書包自樓上下來，上場。

幼：林媽媽，早。

林：幼華，妳上學去了？

幼：是，……林媽媽，昨天學校裡歌唱比賽，我得了第一名呀！老師給了我一張獎狀，……還有獎品！

林：幼華，……妳眞乖巧，……妳媽媽，一定也很高興吧！

幼：嗯，……媽，……要我用功讀書，林媽媽，我上學去了，……再見。

林：再見。

（幼下場，林太太見幼華離去，不再澆花，上樓而去，下場）

（燈光暗轉甲區，鳳在踩著縫童裝，林上樓來）

林：羅太太……妳在忙呀？

鳳：（停止縫衣，迎客）林太太，……這個月的房錢，我已準備好了，（打開皮包拿一疊鈔票給林）妳點點看，對不對？

林：（接錢）不用點了，錯不了的。

鳳：（倒茶給林喝）林太太，請用茶。

林：不客氣。……羅太太，我今天來，不是找妳要房錢的……

鳳：林太太，有什麼別的事嗎？

林：我……想……給妳介紹認識一個人，不知道妳願不願意？

鳳：認識一個人？

林：是的，就是收妳做好童裝的那家公司的王老闆，妳曾經見過的，妳記不記得？

鳳：王老闆？

林：是的，那個身體胖胖，肚子大大的王老闆，對人挺客氣，說起話，有時吉吉巴巴的，……妳覺得他怎麼樣？

鳳：林太太，……妳的意思是？……

林：王老闆，很早就死了太太，一個人辛辛苦苦帶大了兩個孩子，現在開了家童裝公司，生意還不錯，……他對妳的印象，挺好……

鳳：林太太，妳是給我來做媒的？

林：（笑嘻嘻地）對了，……妳覺得王老闆怎麼樣，雖然年紀稍爲大了一點，但總也是華僑，……妳說是不是？

鳳：林太太，……我根本就沒有想到再結婚，妳還是給我去回了他吧！

林：羅太太，妳這是何苦呢？……先生，死了也快一年了，妳年紀還輕，總不能就這樣，爲他守一輩子！……何況，幼華還小得很，就靠妳一個人做衣服來養活她，不也太辛苦了嗎？

鳳：林太太，我很感謝妳的好意，可是……

林：羅太太，在日本妳也沒什麼親戚朋友，幼華將來大了，遲早總要嫁出去的，到那時候，妳是不是跟著過去，靠著女婿過一輩子，這總不太好吧！

鳳：林太太……妳別說了，這件事，妳讓我多想一想，好嗎？幼華已經懂事了，我也得聽聽她的意見……

林：也好，……等妳決定了，我再去回覆王老闆，……那我就回去了，……回頭見。

鳳：回頭見。

（林下樓離去下場，鳳送林離去後，獨自陷入沉思。室內光線逐漸暗下來，顯示過了一些時間，鳳去開燈，表示已是下午放學時間。鳳踩著縫衣機做童裝，幼華背書包上場）

幼：媽，……媽……

鳳：（暫停工作）幼華，妳學校放學啦？……

幼：（放下書包，走近縫衣機）媽，……我要妳給我做一件白紗的新衣服。

鳳：白紗的新衣服，爲什麼？

幼：我們學校裡，這個月廿五號開同學會，我班上要演一齣「白雪公主」的戲，老師選我做白雪公主。

鳳：噢，……是嗎？

幼：媽，好多同學想演白雪公主，都沒有給選上，老師就選上了我，……我好高興啊！

鳳：眞的呀，幼華，媽也爲妳感到高興。

幼：媽，老師說：白雪公主一定要穿一套白紗的公主服，妳給我做，好不好？

鳳：（思索著）白紗的公主服？

幼：嗯！……老師說，一定要用白紗做的，穿起來，才像眞的白雪公主一樣。……

鳳：啊，……做一件白紗的衣服，怕要不少錢吧？

幼：媽，……我不管，我一定要妳給我做，演出的那一天，妳也一定要去看我在台上表演啊！

鳳：好，……媽一定給妳做，演出的那一天，媽也一定去看妳表演。……啊，……媽，……想起來了，有一件，我結婚時穿的新娘禮服，可以改給妳穿！……來幫媽，……把它找出來。

（鳳興奮的打開壁櫥，又找出一些皮箱，找了很久，注意：要找很久，才在很多衣服底下，終於找出了那套新娘禮服）

幼：好……漂亮啊！……媽，這是妳結婚時穿的禮服？

鳳：（拿起禮服在手，不禁陷入回憶）嗯，已經快十一年了，妳看，這紗還是那樣潔白！……幼華，來讓媽比比看，……要怎麼個改法！（拿禮服與幼華身材比劃）

幼：媽，……今晚就給我做好不好？……我已經等不及了……

鳳：……好，……今晚就給妳改！……不過，……先要吃晚飯啊！

幼：對，……吃完晚飯……就做。

（燈光暗轉）

（燈光照丙區，滌生在池塘邊釣魚，枕玉中年婦女裝扮，在一旁勸滌生）

枕：哥，……你眞想一輩子不結婚啦？……

滌：嗯，……別來煩我，……妳沒看見，……我在釣魚嗎？

枕：哥，……不孝有三，無後爲大，……你這樣不想結婚，……媽在九泉之下，也不會瞑目的！

滌：枕玉……妳不是生了兩個男孩，過繼一個給我，不就好了嗎？

枕：哥，青春一去不復返，……你已經卅五歲了，再過幾年，你就想結婚，……也沒有小姐願意嫁你了，……賴大媽，是多年的老鄰居了，才好心願意來給你做媒！……

滌：枕玉，代我去謝謝賴大媽的好意，……我心領了，……行不行？

枕：（無奈）好，……我去回了賴大媽，……讓她別再管你的閒事了！

（枕玉生氣的掉首離去下場）

（燈光照甲區，幼華睡在床墊上，蓋著被子，日本房屋沒有床，小鳳在電燈下將新娘禮服的邊拆開，幼華睡夢中說著夢話）

幼：（夢囈）老師，……這公主服是媽給我做的，……好不好看？……

鳳：這孩子，做夢也在想著這公主服！（微笑著）……咦，……這禮服的邊裡面……好像有一樣東西？（鳳拆開禮服的邊，發現裡面好像藏了一樣東西，她好奇的將東西取出）啊，……這禮服裡邊，還密藏著一封信。……（取出一封信，她緊張的取出信來打開看，訝異的叫了起來）呀，……是一封信！（打開信來看，沒有信封，只有一張信紙，上面寫著「一襲輕紗萬縷情」的歌詞，主題曲音樂升起）是滌生寫給我的信（看信，唸出歌詞）一襲輕紗，一襲輕紗，愛情像一襲輕紗……（唸著唸著，她失聲的哭了起來）滌生，是他寫的信，……他密藏在禮服裡，……隔了十一年，……才讓我看到……他還……記得我嗎？……（大聲說著，把睡著的幼華吵醒了）

幼：媽，……妳怎麼啦？……妳哭了？……

鳳：幼華，……（摟女入懷）……對不起，……媽把妳吵醒了！……是這封密藏的信，……讓媽掉下了眼淚……

幼：媽，……這封信，……怎麼沒有信封，……是郵差剛送來的嗎？

鳳：（停了半晌）幼華，和媽回台灣去好不好？

幼：回台灣去？

鳳：嗯！

幼：媽，……妳不是說，外公早死了、外婆也死了嗎！我們回台灣去，找誰呢？

鳳：幼華，媽是從台灣到日本來的……唉，……離開台灣都十一年了，……眞不知道他是否還住在原來的地方？

幼：媽，……妳在說什麼？

鳳：媽……在想寫這封信的人，他姓徐，……叫徐滌生！……

幼：媽，這信是哪裡來的？郵差送來的嗎？

鳳：不是郵差送來的！……妳去睡吧！……媽要給妳做公主服呢！

幼：媽，……那我睡了。（繼續去睡）

鳳：（獨自思想著）滌生，我終於看到你給我的信了，……這十幾年來，……你過得還好嗎？……（看信後離開縫衣機，去桌子尋找信紙，開始寫起信來）滌生，……十一年過去了，……但願你眞的還沒有把我忘記。……（繼續寫信燈光暗轉）

（燈光照亮（丙）區，滌生仍獨自在池塘邊釣魚，突然釣桿動了，他釣上一條大魚，他很高興叫著）

滌：我……終於釣上魚了……（將魚取下，又放回水中去，繼續垂釣）

（枕玉手拿一封信在小橋上出現，上場）

枕：（高聲叫著）哥哥，……哥哥，鍾小鳳……給你來信了！

滌：枕玉，……妳說什麼？……

枕：哥哥，……鍾小鳳，在日本給你來信了！……（將手中信揚一揚）

滌：小鳳，……給我來信？……是開玩笑，是不是？

枕：哥哥，……這信蓋的是日本郵戳，……我沒和你開玩笑。

滌：（接過信，撕開信封，仔細看著）眞是小鳳寫給我的信！（緊張手有些顫抖）

鳳：（O·S）滌生，十幾年不見了，你還記得我嗎？……今夜，當我在你送我的結婚禮服中，發現你留給我的那封信時，我已無法抑制自己，不禁流下了眼淚……（枕玉去和滌生一併看信）

鳳：（O·S）啊，要是當時我能看到它的話，那該多好，我會改變我的主意，也許，因此也就改變了我的一生。……如今，一切都已成過去，還說這些做什麼呢？

枕：哥哥，小鳳，她說什麼？你在送她的結婚禮服中放了一封信？

滌：是呀！她終於看到那封信了！

鳳：（O·S）十幾年了，想你亦已成家了，婚後的生活，還幸福嗎？羅麒已在十年前因病去世了，……留在我身邊的，只有一個八歲的女兒……滌生，……我終於看到你留給我的信了，希望你早早給我回信，並代問候枕玉安好。小鳳寫於日本東京。

滌：枕玉，……我……不是在做夢吧！

枕：哥哥，這不是夢，這是眞的事情，你快回家去給小鳳寫回信吧！

滌：是的，我該馬上去給小鳳寫回信！

枕：那就走吧，還釣什麼魚！（枕收拾釣桿）

滌：（又猶豫起來）不，……我不寫回信了，……我覺得該給小鳳一份驚喜才對。

枕：什麼？驚喜？……

滌：我決定馬上去旅行社辦手續，我親自趕到日本去看她才對。

枕：（想了一下）對，……我贊成……你去日本親自看她！……久別重逢，……比她看到你的信，更意外的驚喜！

（燈光暗轉）

（燈光照甲區，幼華已穿好公主服，鳳在侍侯她穿好）

鳳：幼華，大小是不是正好？……

幼：正好。

鳳：那就好，……（看錶）啊時間不早了，妳快脫下吧，我們馬上得走了，遲了來不及了。

（幼華去將公主服脫下，鳳為之裝入一紙匣）

鳳：快去自己洗個臉，頭髮也梳梳，媽換件衣服，就可以和妳走了。

幼：知道。（去洗臉，梳頭髮，鳳至屏風後換衣，這時林太太，拿一紙盒上）

林：羅太太！

鳳：（換好衣服上場）林太太，請坐，……我和幼華去學校了。

林：羅太太，前些日子王老闆聽說，妳女兒在學校要演白雪公主，需要一套「公主服」，他特地送了一件來，不知道大小合不合身？……（林欲打開紙盒，鳳加以阻止）

鳳：林太太，不用打開了，……我已經給幼華，做好了一件，妳給我回給王老闆，謝謝他。

林：羅太太，……妳對王老闆的事，……考慮的結果，怎麼樣？

鳳：林太太，……我若是不接受他，他會不會就不要我做他的童裝吧？

林：當然不會，……王老闆不是這樣的人。

鳳：那……就請妳給我回了他吧！……一次錯誤的結合，已給我帶來夠多的痛苦，……我不想再錯第二次，……林太太，妳不會對我不高興吧！

林：結婚是人生的一件大事，……不能草率的決定，……妳說的對！

鳳：林太太，一會兒，我和幼華一塊去學校看她表演「白雪公主」，假使郵差先生有送我的信來，請妳代我收一下。

林：好的。

鳳：假如是掛號信，需要蓋章的話，圖章就在這書桌的抽屜裡。

林：羅太太，……我很少看妳寫信，是不是有重要的事情，妳在等回音？

鳳：有一個朋友，我們已經十多年沒聯絡了，……我耽心他搬了家，收不到信，……給退了回來！

林：哦，……我知道了！……

鳳：幼華，媽，……我們走吧，不走，遲到了。……（走了幾步，又回頭向林說）林太太，……一切就拜託妳了。（鳳與幼華下樓離去）

（燈光暗轉）

（燈光乙區，已是黃昏時分，門口路燈亮著，院子大門關著，燈光暗淡，滌生穿風衣，手提一行李箱，風塵僕僕手拿一封信，對照門前的門牌，在門前停下）

滌：五十五號……就是這一家，好難找！（他舉手輕輕敲門）小鳳，眞的就住在這裡？……這房子，……並不太好嗎？（他上前去看到門上有一塊「林寓」的牌子！（奇怪了）林寓？……小鳳怎會住在姓林的家裡呢？（去取信再看）沒錯，是在這兒，（再敲門，林太太出迎）請問……這兒是不是世谷成町五十五番目嗎？

林：（日語）哈依！

滌：請問……有一位鍾小鳳小姐……是不是住在這裡？

林：（改用國語）你是華僑？……

滌：是的，……我是從台灣專程來看她的！

林：我們這兒姓林，……沒有姓鍾的！你是不是弄錯了？……

滌：地址沒有錯呀，……這是她寫給我的信。（將信給林看）

林：（看信後明白了）啊，……你是來找羅太太的？……

滌：對，……她是羅太太……

林：羅太太有事出去了，不在家，……你是台灣來的，……就請上樓去她家等一下，……大概（看錶）沒多久，她和她女兒，就快回來了。（林讓滌進入院子，隨之走上樓梯去下場）

（燈光暗轉）

（燈光照（甲）區，林太太開燈，屋內大亮，滌放下行李，四下打量）

林：先生，貴姓。

滌：（取出名片給林）鄙姓徐，這是我的名片。

林：（接過名片）徐先生，……你請坐，……我不陪你了（看錶），……已十點多了，她大概很快就會回來了。……（林下樓去）

滌：林太太，謝謝妳。

滌：（看縫衣機，踩了一下，看牆上的照片，小鳳母女的合影）小鳳，……她在靠縫衣服……過日子！……（他倒了一杯茶，喝著）……十幾年不見，她……老了，……我也老了……

（幼華先上樓，叫著）

幼：媽，……屋子裡有人！……

鳳：（上樓，有些陌生的問）……你是誰？……

滌：（驚喜地）小鳳，……是我呀，……滌生，……我專程來日本看妳啦！……

（音樂升起）

鳳：（激動）滌生，……（二人擁抱在一起）……十幾年不見，……你一點兒沒變！……

（淚下如雨）

幼：媽，……妳……怎麼哭了？……

（滌生取手帕給鳳，自己也流了眼淚）

鳳：幼華……他……就是寫信給媽的人，快……叫……徐叔叔。……

幼：徐叔叔，……你好。

滌：她……是妳的女兒？

鳳：嗯，……她叫幼華。……

滌：幼華，幾歲啦？

幼：八歲！……

鳳：滌生，……你來日本，怎麼不先寫信告訴我一聲呢？

滌：我是想，……給妳一份意外的驚喜！

鳳：十幾年不見了，你還是喜歡讓我意外的驚喜！……就像當年把信，密藏在新娘禮服裡！……對了，……滌生，……你的太太呢？你沒帶她一起到日本來？

滌：小鳳，……我一直沒有結婚，……那來的太太？

鳳：（訝異）什麼？滌生，……你一直沒結婚？……

滌：小鳳，……除了妳，……我不會和別人結婚的！……小鳳，……妳忘了，我送給妳的「一襲輕紗萬縷情」？……

鳳：我沒有忘，……我永遠也不會忘！

滌：（將鳳、幼華三人抱在一起）

（主題曲升起，幕徐徐下）

九十五年四月三日修改脫稿

一襲輕紗萬縷情

姜龍昭詞
愼芝曲

4/4 D　　臺視國語電視劇

Slow　　「一襲輕紗萬縷情」主題歌

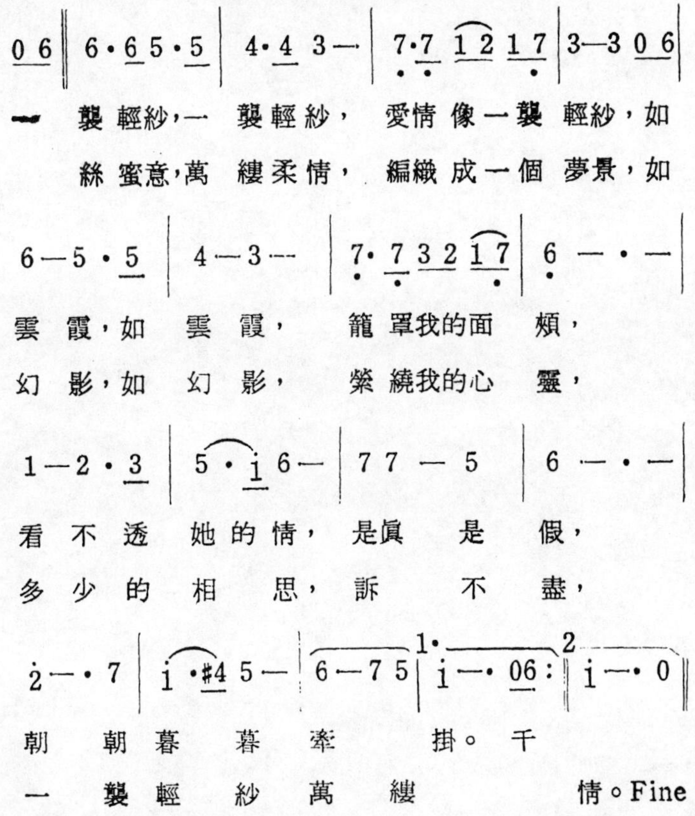

一 襲 輕紗，一 襲 輕 紗， 愛情 像 一 襲 輕紗，如
絲 蜜 意，萬 縷 柔 情， 編織 成 一 個 夢 景，如
雲 霞，如 雲 霞， 籠 罩 我 的 面 頰，
幻 影，如 幻 影， 縈 繞 我 的 心 靈，
看 不 透 她 的 情， 是 眞 是 假，
多 少 的 相 思， 訴 不 盡，
朝 朝 暮 暮 牽 掛。 千
一 襲 輕 紗 萬 縷 情。Fine

「碧海青天夜夜心」 四幕舞台劇

時間：現在

地點：臺北

出場人物：

胡仲寧：廿七八歲，留美學醫歸來的年輕人。

趙良樸：六十餘歲，退休老教育家，脾氣固執。

趙玉珮：良樸的女兒，大學三年級學生。

趙玉鵬：卅歲，良樸的長子，留美在外，不出場，只有照片出場。

趙玉鴻：良樸的次子，十五六歲國中生。

高秀心：良樸的媳婦，廿五六歲的怨婦。

張幼君：廿三四歲左右的熱情少女，護士。

齊　媽：趙家的女佣人，五十餘歲。

李小姐：護士。

佈景：

舞台正中略偏右是客廳大門，通外面大門，右側有樓梯通樓上，另有門通內室，左側有通道通院子，院子就在客廳前方近觀眾部份，內花草樹木、石櫈，可通秀心臥室，客廳內佈置古式桌椅、牆上有字畫、時鐘、古董架等擺設，門有門簾，另有方桌，可吃飯及做功課之用。台左是秀心臥室靠近觀眾方位有窗戶梳妝台桌子及平型鋼琴，旁有酒櫃，內陳列有小樣品洋酒若干，戲在秀心臥室時，燈光亮，無戲時，可暗。

客廳一隅，有一鳥籠，內有小鳥。

第一幕

（第一場）

人：胡仲寧、齊媽、趙良樸

△幕啓時

△趙良樸正把一葉青菜放入鳥籠給鳥吃，並逗鳥叫

△這時齊媽自大門外進入客廳，手拿一名片

齊　媽：老爺，……

良　樸：什麼事？齊媽！

齊　媽：外面有一位姓胡的年輕人，要見老爺，喏，這是他的名片。

良　樸：（接過名片來看）胡仲寧？（高興的）噢，你去請他進來。

齊　媽：是的，老爺。

△齊媽出，引仲寧自大門進入客廳

△仲寧臂上有黑紗，他恭敬的進入見良樸即行禮

仲　寧：趙伯伯，我今天是特地來向你致謝的，家父這一次的喪事，幸靠著您的幫忙，我真不知該怎樣謝您才好！

良　樸：仲寧，令尊和我是多年的老朋友了，他臨終的時候，你在國外，來不及趕回來，我爲他料理後事，這是義不容辭的！

仲　寧：真是謝謝趙伯伯！要不然，我真會抱憾終生！……我真是不該留戀在國外，繼續研究下去的！

良　樸：你研究院的課程，還差多久才能完成？

仲　寧：還有一年。

良　樸：那你是不是還打算回美國去，繼續讀下去呢？能得個博士學位，也好啊！

仲　寧：我不想再去念什麼書了，家父死了以後，這世界上，胡家，就剩我一個人了，我該趕緊找事做才對！

良　樸：這倒也是對的，……對了，我聽說，你是專門學精神病科的，……此地的醫院，這樣的人才，大概很缺少吧？

仲　寧：我有個同學，認識一個精神病院的院長，他在給我進行！……要過幾天，才能決定呢！

良　樸：仲寧，……你在國外這幾年，怎麼還是一個人？沒有要好的女朋友？

仲　寧：沒有！

△玉鴻背著書包自外進入。

玉　鴻：爸爸。

良　樸：唔，玉鴻，回來啦？你還認得仲寧哥哥嗎？

仲　寧：玉鴻，長這麼大了！

玉　鴻：你就是仲寧哥哥？

仲　寧：嗯！……你忘了？

玉　鴻：我想起來了，小時候，你常和我玩捉迷藏的，對不對？

仲　寧：對了，……你記性可真好！

仲　寧：快去洗把臉，一會兒就吃飯了。

玉　鴻：是，爸爸。

△玉鴻背書包上樓離去

玉　鴻：仲寧哥哥，再見。

仲　寧：再見。

仲　寧：玉鴻長得很聰明！

良　樸：嘿。……可是他讀書就不肯用功！對了，仲寧，我想請你幫我一個忙，怎麼樣？

仲　寧：趙伯伯，有什麼事，儘管說。

良　樸：玉鴻就快考高中了，他的英文數學，一直不行，你是不是可以留下，住在我家幫他補習功課！

仲　寧：補習功課，絕沒有問題，只是，……住在這兒，怕不太方便吧！

良　樸：怎麼會不方便？……我這兒除了齊媽和他以外，就沒有旁人了，平時真怪寂寞的，你要能住在這兒客房，可就熱鬧多了。

仲　寧：趙伯伯，你現在不去上班啦？

良　樸：老了，……我已經退休一年多了！

仲　寧：噢，那……玉珮和玉鵬呢？他們也不在家？

良　樸：玉珮住在學校裡。一個星期才回來一次，有時甚至還不回來……

仲　寧：啊……那玉鵬哥呢？

良　樸：玉鵬（停住）……他……已經死了！
仲　寧：什麼？玉鵬哥死了！……他……死了！……
良　樸：（沉著的）嗯……他死了！……
△燈光暗轉
△燈光再亮時，客廳時鐘已是晚上十時
△玉鴻在方桌做功課，一會兒搔首抓耳，一會兒又振筆直書，仲寧在一旁埋首翻看很厚的原文書，玉鴻做完功課，拿作業簿給仲寧看
SE：時鐘敲了十下
玉　鴻：仲寧哥哥，我的功課全做好了，你看看，有沒有做錯的！
仲　寧：（停止看書，看作業簿，頻頻點頭）嗯，……做的很好，一點也沒錯，……時間不早了，你可以去睡啦！
玉　鴻：（收拾作業簿）不，……我要聽仲寧哥哥給我講故事。
仲　寧：今天時間太晚了，明天再講給你聽，好不好？……對了，玉鴻，……你晚上睡覺的時候，有沒有聽見彈琴的聲音？
玉　鴻：彈琴的聲音？……
仲　寧：嗯，好像是從花園那邊傳過來的，那琴彈得可真好，……只是那曲子，太悲了，……

是誰……老在那夜裡彈琴呢？

玉　鴻：（想說，又停住）我……不能告訴你。

仲　寧：爲什麼？

玉　鴻：我不知道。

△玉鴻說著即拿起書包上樓去，留下一個疑團。

仲　寧：奇怪？……他明明知道，卻不肯告訴我！這個彈琴的人到底是誰呢？……對，明天我問齊媽去！

△仲寧把書本收拾好，解開領帶，這時，忽聽琴聲悠悠傳來

仲　寧：疑，……琴聲又來了！

△不久傳來女聲低唱主題曲的歌詞

OS：（秀心唱）輕輕的煙，淡淡的霧，夜色正朦朧，你的琴聲，令人心醉，彷彿是在夢中

仲　寧：一個女人在唱歌……這會是誰呢？……嗯，我得出去看看。

秀　心：（歌聲繼續著）……往事如煙似霧，如今夢已成空，何處有你琴聲？……

秀　心（聲聲繼續著）何處有你影蹤？輕煙淡霧月朦朧，碧海青天夜夜心……

△秀心的琴聲戛然而止，歌聲也停了，……不久嚶嚶的哭泣聲傳來……

仲　寧：奇怪？怎麼又忽然不唱了呢？……我不是在做夢吧？

△仲寧用手揉了揉眼睛

△這時齊媽在他面前出現。

齊　媽：胡少爺，……你怎麼還不睡覺？

仲　寧：啊……齊媽，我剛才聽見有人在後院彈琴唱歌……齊媽，妳知道是誰嗎？

齊　媽：胡少爺，……你還是去睡吧，……夜深了，會受涼的！

仲　寧：齊媽，……你得告訴我，是誰在後院彈琴，我已經不止聽見這一次了！

齊　媽：唉！（嘆氣）……你叫我怎麼說呢？……老爺知道了，他會不高興的！

仲　寧：齊媽，到底是誰呢？……

齊　媽：胡少爺，……改天，我再告訴你吧！

△齊媽說完即離去！

仲　寧：（低唸著歌詞的其中一句）何處有你的琴聲？何處有你的影蹤？……輕煙淡霧月朦朧，碧海青天夜夜心……

（第二場）

△燈光改爲白天

△在客廳從一盤圍棋子上拉出，良樸對著棋譜在認真的研究著，一會兒放下一顆子在棋盤上

良　樸：嗯，林海峰這一手棋下得可真妙，……妙，妙……

△玉珮穿著一身活潑的運動裝自外進入，充滿著青春活力

玉　珮：爸爸，……

良　樸：（抬頭）玉珮，妳回來啦？

玉　珮：爸爸，你看我新做的這套運動服，漂不漂亮？是我自己設計的！

△玉珮轉身給父看。

良　樸：（看玉珮新裝）嗯，不錯！……尤其穿在妳身上，顯得格外漂亮。

玉　珮：爸爸，玉鴻呢？出去啦？

良　樸：嗯，和同學一塊看電影去了。玉珮，怎麼樣，陪爸爸來下盤棋，好不好？妳要是贏了，爸爸請妳去吃館子！

玉　珮：我才不幹哩！我和幾個朋友早就約好一起去玩保齡球的，爸爸，（伸出手來）給我錢！

良　樸：妳一個星期才回來一天，就不肯抽空陪爸爸一下，保齡球有什麼好玩呢？滾來滾去，總是打那幾隻瓶子！

玉　珮：爸爸……（撒嬌）你給不給嘛？

良　樸：好，……給……給……（掏錢給珮）三千，夠不夠？

玉　珮：夠了，謝謝爸爸！（上前去親了一下父親，即奔入內室去了）

良　樸：（撫摸被親的面頰）嘿，……真拿她沒辦法！

　　△齊媽進來

齊　媽：老爺，……剛才高家的老爺派佣人來，說要請老爺上他家下棋去！他還說，王家的老爺也在那兒，等你去喝酒呢！

　　△良樸高興的

良　樸：好極了，……那我馬上就去，……一會兒小姐也要出去，胡少爺回來，你告訴他說，晚飯不用等我了！

齊　媽：是，老爺，……要不要我去給你叫車？

良　樸：不用了，我自己會叫的！

　　△良樸穿外套，拿手杖，準備外出，齊媽收拾棋子，仲寧自外進來。

仲　寧：趙伯伯，……你要出去？

良　樸：嗯，……對了，仲寧，我晚飯不回來吃了，你別等我了！

仲　寧：（高興的）趙伯伯，我的工作已經找好了，是在大同精神病院，負責一部份研究工作，一天只需去四小個小時就行了，……

良　樸：哦，那真太好了！……是不是可以不搬到醫院去住？自從你來了以後，玉鴻功課比以前進步多了，你可不能走呀！

仲　寧：我……還是住在這兒，不走！……

良　樸：那就好，……耽會兒談，我走了，再見。

仲　寧：再見。

△齊媽送良樸走出。

△仲寧獨自高興的說著，邊向內走去。

仲　寧：好，我終於找到工作了。……

△玉珮手裡拿著一件外套自內走出，二人相撞！玉珮生氣的質問。

玉　珮：喂，……你是誰？……眼睛都不看走路的？

仲　寧：（抱歉的）對不起！……我剛才沒看見。

玉　珮：（上下打量仲寧）你是？……（想不起來）

仲　寧：（也向玉珮望著）妳……是……玉珮？……妳不認得我啦？小時候，我們常在一起玩捉迷藏、跳繩子的！

玉　珮：（猛然想起）喔，……我想起來了，你是仲寧哥哥！……你不是在美國讀書嗎？

仲　寧：我已經回來了，……現在就住在妳家，妳歡不歡迎？……匆匆忙忙的，妳要到那兒去？

玉　珮：我和幾個朋友約好去玩保齡球，你要不要一起去玩！

仲　寧：好呀，……（想起）呀，不成，……我還有些事要辦，……改天再陪妳去怎麼樣？

玉　珮：（拉仲寧）一起去嘛？……明天，我又要回學校去了！

仲　寧：玉珮，我真的有事，改天，我一定陪妳去！

玉　珮：仲寧哥哥，……你是不是已經有女朋友啦？

仲　寧：女朋友？沒有啊！

玉　珮：要不要我給你介紹一個？我的同學，都很漂亮的喲！

仲　寧：真的嗎？

玉　珮：那你就和我一起打球去！（又去拉仲寧）……

△這時齊媽領著張幼君自外進來，玉珮始放開手。

齊　媽：胡少爺，……有位張小姐來找你。

△玉珮向張幼君望著。

幼　君：胡大夫，我們院長有事想和你談一談，你能和我一起去一下嗎？

仲　寧：好的，我就去！玉珮，別不高興，改天我一定陪妳去玩個痛快！

玉　珮：好吧，……那我走了，再見。

仲　寧：再見。

△玉珮臨走時，又回頭來看幼君一眼。

仲　寧：張小姐，真對不起，麻煩妳專程跑一趟！

幼　君：別客氣，胡大夫，……好在醫院離這兒又不太遠！今後，我還有很多事要向胡大夫請教的呢！

仲　寧：不敢當，那，我們現在就走吧！……齊媽，晚飯不用等我了。

齊　媽：是，胡少爺！

△仲寧、幼君一同走出，齊媽獨語，並收拾屋內東西

齊　媽：這位張小姐，長得可真漂亮！

△燈光照秀心臥室，是黃昏時分，晚風吹動落地窗前的輕紗，一個黑影穿著薄紗的長睡衣，秀心在喁喁自語

秀　心：為什麼今年的花不紅，……難道愛情真的只是一場春夢……

△突有貓叫聲

秀　心：小白，……

△一隻白貓走近，秀心將貓抱起，走至沙發坐下

秀　心：（她撫摸著貓）小白，……你說，玉鵬真的不會回來了嗎？不，他會回來的，我相信他會回來的，……

△腳步聲，推門聲

秀　心：你聽，……他不是來了嗎？

△進來的是齊媽

齊　媽：少奶奶，妳的晚飯，我給妳送來了！

秀　心：（以爲是玉鵬）玉鵬，你回來啦？你還是愛我的，是不是？……玉鵬，你說話呀，玉鵬……

齊　媽：（同情的搖著頭）唉！

秀　心：怎麼？……你不是玉鵬？……（痛哭）爲什麼你不是玉鵬呢？（對貓說）……小白，你要是能開口說話多好呢？……小白，……你說話啊！你爲什麼不說呢？

齊　媽：少奶奶，妳吃飯吧，一會兒飯菜冷了，就不好吃了！

△齊媽黯然退下離去

秀　心：又要我吃藥！……我又沒生什麼病？……爲什麼要我吃藥？……我偏不吃！……拿去，我偏不吃！……

△小白從她身上跳下

△小白去吃那盤中的魚。

秀　心：（又嚶嚶的哭泣起來）……

△熄燈暗轉

△白天，客廳中

△良樸喝茶，玉珮換了一套衣服，正與父親說話

玉　珮：爸爸，……仲寧哥哥在美國正巧學的是精神病科，我們請他給秀嫂看一看，你說好不好？

△良樸繼續喝茶，不爲所動

玉　珮：爸爸，也許仲寧哥哥他有辦法，可以把秀嫂的病治好，也說不定噢……

良　樸：玉珮，妳想，秀心她會肯接受治療嗎？……我又不是沒給她請過醫生，可是都給她拒絕趕了出去，……妳怎麼還不死心？

△齊媽在擦拭桌椅聽著

玉　珮：再試一次嘛！也許她會聽仲寧哥哥的話呢！爸爸，……你總不會願意秀嫂，永遠這樣下去吧！

良　樸：欸，玉珮，妳不會懂得的，家醜不可外揚，我不想讓仲寧他知道這件事！

玉　珮：爸爸，爲什麼呢？

良　樸：我不想讓別人在背後笑我，……說我在教育界服務了一輩子，結果卻教不好自己的兒子！

玉　珮：爸爸，我想仲寧哥哥不會笑你的。要是能把秀嫂的病給治好了，那該多好，……

良　樸：仲寧……能有本事，把她病治好嗎？……（他猶豫著）

△齊媽過來求情

齊　媽：老爺，你就聽小姐的話，讓胡少爺給試試看，真要能把少奶奶的病給治好了，那該多好。要不然，有一天，大少爺若是回來，看見少奶奶變成這樣，他心裡也會很難過的！

良　樸：（聽齊媽提及兒子，不免又生氣起來）大少爺，不會回來了……妳還提他幹什麼？……齊媽，我告訴過妳的話，……妳又忘了，是不！

齊　媽：（無奈住口）是，不提，不提，……老爺！（退下）

良　樸：玉珮，……秀心的事，讓我好好考慮一下，我當然也不想老看秀心這樣活著，今兒妳怎麼不出去玩啦……

△仲寧這時進入客廳

仲　寧：趙伯伯……

良　樸：仲寧，你下班啦？

仲　寧：是的，……（看見玉珮）玉珮，妳也在家？沒出去玩？

良　樸：對了，仲寧，你陪玉珮出去看場電影吧！我還有事，得出去一下。

仲　寧：好的，趙伯伯，您請便。

△良樸出去

仲　寧：玉珮，妳想看什麼片子？是偵探的？還是文藝的？

玉　珮：不，我不想去看電影！

仲　寧：妳是想去打保齡球，對不對？

玉　珮：也不是，……我想去你那精神病院參觀一下，你能帶我去吧？

仲　寧：當然可以啦！……不過，玉珮，那些病人，一會兒哭，一會兒笑的，很可怕的喲！

玉　珮：有你陪我去，我就不怕了。

仲　寧：妳不怕就好。

△玉鴻自樓上下來

玉　珮：仲寧哥哥，時常來這兒找你的那位張小姐，是不是你的女朋友？

仲　寧：她只是我的助手而已。

玉　珮：我看不光助手吧！齊媽……什麼事都和我說了，……你還以爲我不知道！

仲　寧：（故意用笑岔開）啊……原來齊媽是妳的第七號情報員呀！

玉　鴻：仲寧哥哥，陪我去打乒乓球，好不好？

仲　寧：好呀！

玉　鴻：姊姊，妳也來。

仲　寧：玉珮，……走，我們打乒乓球去！

△三人同出

△空場，稍頃，幼君自內出，坐著等候了一陣子

幼　君：奇怪，……他到那兒去了呢？……這麼晚了，還不回來！……（看看）我不等他了……

△幼君在桌邊準備留下紙條離去，提筆寫了兩個字，忽聞單音的琴聲傳來。

SE：（主題曲的單音）……

幼　君：呀，好美的琴聲……

△仲寧自外進來，幼君都未發覺。

仲　寧：幼君，妳來多久了？

幼　君：（一驚）呀，把我嚇了一大跳，你到什麼地方去了，這麼晚才回來？

仲　寧：妳猜呀！

幼　君：我猜不出來。

仲　寧：我今天聽到了一個故事，要不要我講給妳聽？

幼　君：什麼故事？

仲　寧：就是那彈琴人的故事！

幼　君：你是說，……彈這琴的人的故事？……

仲　寧：是的，……妳知道她是誰嗎？
幼　君：我怎麼知道？你知道就快說嗎？別賣什麼關子了！
仲　寧：好，我說……啊……外面怎麼下起雨來了！
△果然是淅瀝的雨聲
幼　君：啊呀，那怎麼辦呢？……我得回去了！
仲　寧：不要緊，……待會兒我送妳回去就是了，可是這故事，妳可非聽完不可！
幼　君：好吧，那你快說呀！
仲　寧：她……真是一個很可憐的女人，……四年以前，當她還在大學念書的時候，是學校裡有名的校花，追求她的人，數也數不清，可是她那時就偏偏愛上了一個比她高三班的男同學，在那男的大學畢業的那一年，他們很快的就結了婚，婚後還不到三個月，她丈夫就出國留學去了，誰知……從此一去就沒有了消息，後來才知道，他在國外與一個外國女人又戀愛結了婚，……她傷心極了，日夜的流淚，終於精神失常……成了一個被人遺忘的女人……
SE：琴聲又起……
仲　寧：她終日彈琴自娛，封閉自己，不願見到任何人，也不肯接受醫生的治療，……幼君，假若妳是醫生，妳會怎麼辦！

幼　君：我，……我一定想法子，把她的病醫好！

仲　寧：對，妳的看法和我一樣！幼君，妳知道這個女人究竟是誰嗎？

幼　君：是誰？……你認識她？

仲　寧：是我這兒主人的媳婦，……她姓高，名字叫秀心，我雖沒見過她，……但我卻已決定要把她從苦海中拯救出來！

幼　君：是這兒主人的媳婦？是他告訴你的！

仲　寧：是我今天在外面，聽她丈夫的一個同學告訴我的，……這兒主人才不會告訴我吶，……他說他兒子已經死了，事實上，他的兒子在國外，只是再也不想回來罷了！

幼　君：仲寧，對於醫治這樣的病人，你有把握治得好嗎？

仲　寧：我相信我有這樣的把握，幼君，妳願幫助我來拯救這樣可憐的一個靈魂嗎？

幼　君：我當然願意……

仲　寧：那我們明天一起去向這兒的主人請求，妳說好不好？

幼　君：好，……不過，我有一個條件！

仲　寧：什麼條件？

幼　君：你可以去醫治她，可不許去愛她！

仲　寧：那怎麼會呢？

幼　君：這可很難說，……你不是說，她在學校裡，是個有名的「校花」！

仲　寧：幼君，妳可真細心，……難怪人家都說妳是個少見的好護士！

幼　君：得了，別給我戴高帽子了！

△二人說笑著，燈光暗轉至秀心臥室

△秀心抱著白貓在一沙發中坐著，眼光呆滯。

△靜靜的

SE：時鐘的滴答聲

△稍頃，玉珮拿了一大包零食紙袋嘻笑著進來。

玉　珮：秀嫂，秀嫂，……

△秀心不語

玉　珮：（走近秀心）秀嫂……妳看，我買了這些都是妳最喜歡吃的，牛肉乾，……雪片糕……

秀　心：玉珮，妳怎麼現在才來呢？我已經等妳很久了。

玉　珮：我和一個人去看了場電影，所以回來晚了，秀嫂，妳生我氣啦？

秀　心：玉珮，……學校裡功課還忙嗎？

玉　珮：還好。秀嫂，我最近認識了一個男朋友……（欲語還休）

秀　心：是嗎？……是個什麼樣的人？叫什麼名字？

玉　珮：是學校裡的同學，他叫林德昌，不但鋼琴彈得好，就是說話也很風趣的！

秀　心：是嗎？……

玉　珮：秀嫂，……他很想來見見妳！

秀　心：（矛盾）不，……我不想看見他，……玉珮，妳覺得他對妳是真心的嗎？

玉　珮：我想，他是真心的！

秀　心：不，我不相信他是真心的，……這世界上沒有一個男人，會是真心的！……

玉　珮：秀嫂，春天了，園子裡的花都開了，好好看哪！秀嫂，我和妳去花園走一走，好不好？

秀　心：花園的花……都開了……

玉　珮：嗯，……杜鵑、櫻花……都開了，……

秀　心：花開了，……又要落，……花又爲什麼要開呢？……（向貓說）小白，……花爲什麼要開呢？……

玉　珮：秀嫂，妳不要老是悶在房間裡，爲什麼不出去走走呢？……

秀　心：出去走走？……我能嗎？……

玉　珮：誰說不能呢？來，我扶妳出去……

△玉珮扶秀心起立，走去推開窗子，春光透進室內

玉　珮：秀嫂，……妳看院子裡的花，開得多美！紅的、白的……還有粉紅的……

秀　心：玉珮，妳哥哥說，櫻花開的時候，他就會回來的。妳說他是不是就要回來了？……

玉　珮：嗯，……他是就要回來的。……

秀　心：喔，那我得先去梳一下頭髮，……

玉　珮：秀嫂，我來替妳梳！……

△玉珮陪秀心去梳粧台梳髮，鏡頭特寫鏡中的秀心，臉上露出一份春天的喜悅。

玉　珮：秀嫂，……妳看妳長得多美。（她邊梳秀心髮邊說著）

△仲寧在客廳欣賞花瓶中的花

仲　寧：我該怎麼向趙伯伯說呢？……要是他拒絕我呢？……對，要玉鴻幫我的忙？還有玉珮，……最好，讓幼君也在場，那樣……他總不好再堅持不同意了吧！……

仲　寧：有人來了……（訝）是她？

△仲寧看見有人即躲入門後。

△不久，玉珮偕同秀心一塊出現……

玉　珮：秀嫂，……妳早該出來透透氣了。老悶在房裡，會生病的。

秀　心：玉珮，我好好的，沒有病！……只是妳哥哥玉鵬，爲什麼不回來呢？

△秀心傷心哭泣起來

△仲寧走出對玉珮說道

仲　寧：玉珮，……妳還是扶她回房裡去吧！

秀　心：（回首凝望著仲寧）你是誰？……

仲　寧：我姓胡……叫胡仲寧……

秀　心：你是玉鵬，是不是？……你別騙我……你一定是玉鵬！……放開我……

仲　寧：（將她拉得更緊）玉珮，我們扶她回房去！……

玉　珮：仲寧哥哥，真謝謝你，……剛才，我都幾乎給嚇昏了！

秀　心：我不要回去，……我不要回去！……

△秀心掙扎著，仲寧與玉珮仍勉力扶她回臥室去

△空場

△稍頃，良樸自門簾出，入客廳來回踱了一陣步，叫喚

良　樸：齊媽……齊媽……

△齊媽應聲上

齊　媽：老爺，是你叫我嗎？

良　樸：齊媽，從明天起，妳得替我把少奶奶看住，不准她隨便到外面來，知道嗎？

齊　媽：老爺，……這樣做……（不表贊同）

△玉珮與玉鴻由內出

玉　珮：爸爸，還是請仲寧哥哥給秀嫂試一試吧，秀嫂老悶在屋子裡，也許她的病才越來越嚴重！

良　樸：嗯，……這倒也有道理！

玉　珮：再說，大哥的事，仲寧哥哥他也已經知道了，何必還要再瞞著他呢？

良　樸：妳大哥的事，他怎麼知道的？

玉　珮：他是聽大哥的同學告訴他的。爸爸，你就讓仲寧哥哥給試一試吧，何況，他在美國正好學的就是這一科呢！

良　樸：嗳，這件事，我總覺得向他說不出口！……

玉　珮：那讓我來和他說好了……

玉　鴻：爸爸，你就聽姐姐的話吧，秀嫂，真是怪可憐的……

良　樸：（摸著玉鴻的頭）好吧，既然你們都這樣說，等一會兒仲寧回來，我和他說說看……

△玉珮、玉鴻、齊媽臉上都高興的笑了。

△這時仲寧與幼君一起自外進來。

齊　媽：老爺，胡少爺不正好來了嗎？

幼　君：趙伯伯，趙小姐……

仲　寧：趙伯伯，……

良　樸：仲寧，……我問你，……你在美國讀書的時候，有沒有去醫院臨床實習過？

仲　寧：有。

良　樸：這麼說，你對治精神病，有經驗囉？

仲　寧：有點經驗！……趙伯伯，……你可以相信我，對於治秀嫂的病，我會有把握的，……只要你肯給我時間和機會……

良　樸：仲寧，真要是能把秀心的病治好了，……我真不知該怎樣感謝你才好呢！

仲　寧：趙伯伯，……能讓我爲你服務，是我應該做的……幼君，趙伯伯他已經正式請我做這份工作了，妳可得要切實幫助我唷！

幼　君：那當然！

良　樸：仲寧，……秀心，她用不著住到醫院去吧？

仲　寧：不用，我要獨力來治好我的第一個病人，以建立起我在醫學上的信心，在美國我曾遇見過像秀心這樣的病人，……我相信我可以把她的病給治好！

玉　珮：仲寧哥哥，別先吹牛，……之前，有好幾個有名的精神病醫生，都曾給秀嫂趕走過的喲。

仲　寧：玉珮，要不要我們來打個賭？……

玉　珮：好呀！……

良　樸：玉珮，別和仲寧開玩笑了，妳該儘量來幫助仲寧才對。妳還記得嗎，秀心沒發病以前，還做過妳的戀愛顧問，代妳捉刀寫過情書呢……

玉　珮：（臉紅害羞的）爸，我不來了，……你又翻我的舊賬！……

良　樸：唷，……妳還不好意思哪！……哈哈……

△幼君與仲寧也跟著笑了。

△燈光轉至秀心臥室

△秀心在發呆

△齊媽上。

ＯＳ：（齊媽）少奶奶……少奶奶……有人來看妳……

△跟著幼君提了一只藥箱和仲寧上，先後坐下，齊媽去領秀心來和兩人見面。

幼　君：高小姐，妳好！

秀　心：請問妳是誰？

齊　媽：少奶奶，她姓張，……是和胡少爺一起來的！

幼　君：高小姐，對不起，打擾妳了。

仲　寧：高小姐，我時常聽到妳的琴聲，……真是太美了……

秀　心：（注視仲寧）你是誰？……我好像在那裡見過你！

仲　寧：高小姐，我姓胡，我叫胡仲寧，……我們之前見過一次面……這樣冒昧的來拜訪妳，妳不會見怪吧！

秀　心：你是不是……也很喜歡彈琴？

仲　寧：是的，我和她都是妳最忠實的聽眾！

秀　心：齊媽，快去給客人倒茶！

齊　媽：是，少奶奶……

△齊媽去倒茶，給二人喝。

△張幼君打開診療箱，仲寧欲加以阻止，但已被秀心所發覺。

仲　寧：幼君，別忙！……

秀　心：胡先生，你這帶的是什麼？……

仲　寧：沒有什麼！……（扯謊）是幾份樂譜。

秀　心：是鋼琴的樂譜？

仲　寧：是的。……

秀　心：啊，（高興的過來打開藥箱）……那給我看看！

△仲寧想掩飾已來不及，特寫箱子打開裡面是聽診器等物

秀　心：什麼？……（臉色即開始轉變）……你們是來給我看病的？

仲　寧：不，不是的，高小姐……

秀　心：誰說我有病呢？……誰說我有病呢！（歇斯底里的）啊……

仲　寧：高小姐，妳誤會了，……是她帶錯了箱子，我是要她拿樂譜來的，……

秀　心：別騙我了……我不會上你們的當的，……請，……請你們出去……

△秀心舉手下逐客令，幼君不知如何是好。

仲　寧：高小姐，請妳聽我的解釋，好不好？我真的不是來給妳看病的……

秀　心：我不聽你的解釋，請你馬上離開這兒，……齊媽，齊媽……

齊　媽：少奶奶，……胡少爺，他完全是一片好意，少奶奶……

秀　心：妳給我請他出去！……妳聽見沒有？……

仲　寧：好我走……改天我再來看妳！……

△仲寧禮貌的與幼君向秀心告別。

仲　寧：再見。……

△二人離去，齊媽亦只能失望的走開。

齊　媽：唉！……（搖頭嘆息）

△秀心怔怔的望著他們遠去，留下自己孤單寂寞的，不免傷心的哭泣起來。

第二幕

（第一場）

人：胡仲寧、趙良樸、趙玉珮、趙玉鴻、高秀心、張幼君、齊媽

△幕啓時：

△在客廳內，一支鉛筆在一張月曆上又劃去幾日，仲寧在客廳內來回的徘徊，忽見幼君手裡拿著一本書，興匆匆的自大門外進入。

幼　君：仲寧，你看，我給你找到了一本書，這上面有一個病例，和高小姐的情形很相似……

仲　寧：（接過書，看也不看即閤上）幼君，……我打算放棄，……不再努力下去了……

幼　君：仲寧，別灰心，只要我們繼續努力下去的話，我有信心，我們會成功的！

仲　寧：是嗎？……

幼　君：（拿書翻開指給他看）你看，……這上面說，在美國有一個精神病醫生，曾花了十六年的功夫，去接近一個病人，……結果，終於給他成功了，你瞧，他前後用了這麼多不同的方法！

△聽幼君說後，仲寧注意的去看起書來

仲　寧：對，方法多得是，……我們該繼續努力下去！……

幼　君：仲寧，要是這一次，你能把高小姐的病治好了，我想院長一定會格外對你另眼相看的！

仲　寧：幼君，妳把這件事，告訴了院長？

幼　君：嗯！……

仲　寧：那要是……失敗了，豈不糟了？

幼　君：仲寧，我相信你會成功的，……因爲（含情脈脈的），我對你有信心！

△玉鴻自花園處進入

玉　鴻：仲寧哥哥，告訴你一個好消息！

仲　寧：玉鴻，什麼好消息？

玉　鴻：你要我送給秀嫂的那張CD，她已經收下了，……

仲　寧：是嗎？她怎麼說？

玉　鴻：她好喜歡呀！我從沒看見她這樣高興過，……

幼　君：仲寧，你怎麼會想到送她CD？

仲　寧：我只是試一試而已！從她最喜歡的嗜好上去著手，……幼君（高興的），我終於找到了開門的鑰匙了！

玉　鴻：仲寧哥哥，你快來聽！……

△玉鴻拉仲寧去窗口聽。

△貝多芬的「月光曲」CD聲傳來

仲　寧：呀，……她在放貝多芬的「月光曲」……

幼　君：是你送給她的CD？

仲　寧：嗯，幼君，明天起，我們該多看一些音樂方面的書了，我想，給她講一些音樂方面的故事，她一定也會非常樂意來聽的！……

△貝多芬的「月光曲」繼續著

△仲寧、幼君、玉鴻臉上都流露著興奮的表情

△燈光照天上月亮

△月光如水銀瀉地的照在花園裡，仲寧和秀心併肩走入花園

△夜蟲鳴叫聲

仲　寧：啊，好美的月光，……高小姐，妳很少來這花園玩吧！

秀　心：是的。

仲　寧：我們在這花棚下面的石欖上坐一下，妳說好嗎？

△二人走至花棚石欖上坐下。

秀　心：好。

仲　寧：高小姐，妳覺得貝多芬的「月光曲」怎麼樣？

秀　心：美極了。

仲　寧：妳知道他是怎麼寫成這首曲子的嗎？……說起來，這是一個很美的故事！

秀　心：說給我聽好嗎？

仲　寧：那是在一個有月光的晚上，貝多芬獨自一個人沿著一條小路在散步，……當他走近一間房屋的時候，突然聽到裡面有鋼琴的聲音傳出來，……啊，那鋼琴彈的，正是他所作的曲子「F調奏鳴樂」，當時，他就停步，想聽那曲子彈得如何？……誰知正當他想聽的時候，琴聲卻忽然停了下來……

秀　心：胡先生，……你怎麼不說了？你快說嘛！

仲　寧：貝多芬聽到屋子裡有一個少女在說話，她說：「唉……這曲子真難彈，……要是我能聽到貝多芬親自彈一遍，該多好！」……屋子裡有一個男人的聲音回答她說：「妹妹，誰要我們這麼窮呢？要不然，這幾天的音樂會，我早就去買一張入場券去聽了！」……

△仲寧停了下來，秀心催促著。

秀　心：貝多芬聽了怎麼說？

仲　寧：高小姐，如果妳是貝多芬，妳會怎麼做？

秀　心：我……我……就進去彈一曲，給那女孩子聽！

仲　寧：對了，貝多芬和妳一樣，他情不自禁的推開了門進去，他看見屋子裡光線很暗，只點著一支蠟燭，那哥哥正在做著皮鞋，是一個鞋匠，而那彈琴的妹妹，才只有十六七歲，想不到，竟然是一個瞎子！

秀　心：什麼？……瞎子，那怎麼會彈琴呢？

仲　寧：貝多芬也感到奇怪，就問那女孩子。那女孩回答說，她彈琴是跟以前的一個鄰居太太學的，那位鄰居太太每天晚上都要彈琴，她是聽久了，聽會的！

秀　心：聽會的，……那真了不起！

仲　寧：貝多芬聽了那女孩的話，真是深受感動，也來不及自我介紹，就坐下彈起琴來！啊……那女孩子，從沒有聽過這樣美妙的琴音，她靜靜的聽著，幾乎都不敢呼吸……當貝多芬彈完那支曲子的時候，兄妹兩人的眼中，都興奮感動的流下了眼淚。

秀　心：胡先生，你真會說故事，……你讓我也聽得掉下眼淚來了，……後來呢？後來怎麼樣？

仲　寧：當貝多芬彈完曲子開門要離去的時候，門外吹進來一陣風，把那支蠟燭吹熄了，……屋子裡射進來一片清亮的月光，……那兄妹兩人突然緊拉著他不放，像門徒發現耶穌真是救世主似的說：「先生，你是不是就是那貝多芬？無論如何，請你留下再爲我們彈奏一曲吧！

秀　心：（神往的）啊，……要是我，也不會放他走的！

仲　寧：貝多芬當時實在不忍心讓他們失望，就重又坐了下來，在月光下，他望著那瞎眼的女孩，……不知彈什麼才好，……啊，就以這美麗的月光來作一曲吧！……靈感像泉水一樣湧進腦子，卻又像江河一般的從他的手指上流了出來……貝多芬彈完以後，立刻跑步回家，把這些音符記錄在五線譜上，……這就是他留給世人不朽的「月光曲」

秀　心：噢，……原來，「月光曲」是這樣寫成的！

仲　寧：高小姐，……這故事，妳以前沒聽人和妳說起過？

秀　心：沒有。

仲　寧：我肚子裡，這一類的故事，還多得很呢！要是妳喜歡的話，……我每天都可給妳說一個。

秀　心：真的？

仲　寧：當然是真的。……

秀　心：那你再說一個。

仲　寧：夜深了，明天再說吧，……妳冷不冷？（脫下上衣）披上這上衣！別受了涼！

△秀心含情的看著仲寧。

秀　心：（爲胡的溫柔感動）胡先生，……謝謝你！

（第二場）

△客廳裡良樸在爲鳥籠的鳥餵食，齊媽在旁說著話

齊　媽：老爺，胡少爺可真行，少奶奶的病，可真快要給他治好了！……

良　樸：是嗎？……仲寧在美國這幾年，可真學了些東西回來！……

齊　媽：老爺，我沒說錯吧，早些時，我說讓胡少爺來試一試，你還不同意呢！現在，你看少奶奶，和前些日子像是完全變了一個人了……

良　樸：她……現在晚上，還彈琴嗎？

齊　媽：快有一個多月，沒聽見她彈了……

良　樸：啊……我可真得好好的謝謝仲寧才對！……

齊　媽：還有那位張小姐，老爺，你也該謝謝她。這些日子，她跑來跑去，也是夠她辛苦的了……

良　樸：是啊，……那位張小姐，也真是個熱心的好護士！……

△玉珮像一隻小鳥一樣的自外飛了進來

玉　珮：爸爸……

良　樸：玉珮，……妳怎麼一連好幾個星期，都不回家來呢？
玉　珮：我有事。
良　樸：什麼事？妳說給爸聽聽看！
玉　珮：我不要給齊媽聽見。
良　樸：好，齊媽，妳下去。
　　　△齊媽向內屋走去
良　樸：現在，妳可以說了吧！
玉　珮：爸爸……（害羞地）有一個人，昨天正式向我求婚，……爸爸你說我能答應他嗎？
良　樸：有人向妳求婚？……是誰？
玉　珮：（靦腆地）……是我們班上的一個男同學，他姓林，叫林德昌！
玉　珮：他父親是一家鋼鐵公司的董事長，家裡有的是錢……
良　樸：玉珮，……不是我不贊成這件事，而是妳大學還差一年就要畢業了，等妳大學畢了業再說，好不好？……
玉　珮：爸爸，……可是，他要我明天就給他答覆的呀！
良　樸：婚姻大事可不是兒戲，……玉珮，就算妳愛他，再多交往一些日子，對他多有一些瞭解，不是更好嗎？……妳看秀心，一個不幸的婚姻，……讓她苦了一輩子！

玉　珮：爸爸，……玉鴻寫信告訴我說，秀嫂的病，已經快給仲寧哥哥醫好了，是真的嗎？

良　樸：最近這一陣子，她生活得很正常，我想，要是沒有什麼來刺激到她，她會慢慢復原的！

玉　珮：噢，這可真是奇蹟。仲寧哥哥可真了不起！

良　樸：玉珮，拿仲寧和妳那位男同學比起來，妳覺得誰要強些？

玉　珮：(思索著)仲寧哥哥和林德昌來比？……

良　樸：嗯，……我雖還沒有見過妳那位男同學，但我相信，比起仲寧來，他可要差遠了，對不對！

玉　珮：不，他們是兩個不同類型，德昌他把我當做愛人看待，仲寧哥哥只是把我當做她妹妹一樣看待，這怎麼可以拿來比呢？

良　樸：(自語)我喜歡仲寧，也就是喜歡他這一點：老成穩重！

△幼君自外進來。

幼　君：趙伯伯，您好，……趙小姐妳好。

良　樸：張小姐，……仲寧呢？他沒有和妳一起來……

幼　君：院長有一點事，和他一塊去臺中開會去了，明天才能回來，他走的時候，特地要我來告訴老伯一聲……

良　樸：啊……張小姐，真謝謝妳。
幼　君：高小姐的情緒，今天好不好？……胃口怎麼樣？
良　樸：很正常，張小姐，這些日子來，真辛苦妳了！
幼　君：沒有什麼，真能把她治好就好了，……趙伯伯，我去看看她。
良　樸：好，玉珮，妳陪張小姐一塊去看看秀心！
玉　珮：對，張小姐，我和妳一起去！
△玉珮與幼君一同走向秀心臥室
良　樸：（想著）……不知道仲寧會不會喜歡玉珮？
△燈光照秀心臥室
△秀心容光煥發地正在梳理著頭髮，她的秀髮已不再披散在肩上，嘴裡哼唱著「月光曲」的旋律，玉鴻背著一個旅行袋愉快的上
△秀心哼唱著
玉　鴻：秀嫂，快一點嘛！仲寧哥哥什麼都準備好了，就等妳了。……
秀　心：（戴著耳環）好了，好了，我就好了……
玉　鴻：（看鏡中的秀心）秀嫂，……妳真漂亮！好美呀！
秀　心：（打趣地）小鬼！……（指他背的旅行袋）你這背的一大包，裡面裝了些什麼？

玉　鴻：都是吃的。有麵包、罐頭、蘋果、飲料，……還有妳最喜歡吃的咖哩牛肉乾！

秀　心：有沒有照相機？

玉　鴻：仲寧哥哥帶了，……他還帶了電晶體收音機呢！

△秀心化粧完畢，取出太陽眼鏡戴上。

玉　鴻：秀嫂，妳還戴太陽眼鏡？

秀　心：嗯，……我怕太陽光！

玉　鴻：不要戴才好看呢！

秀　心：（收起太陽鏡）好吧，聽你的！

△仲寧背著照相機上。

仲　寧：玉鴻，怎麼……還沒準備好？……

玉　鴻：我早好了。

秀　心：對不起，……我好久都不出門了，……勞你久等了！

仲　寧：不要緊，通常小姐出門，都是這樣的，妳有什麼東西要我給妳拿的嗎？

秀　心：沒有什麼，好，我們走吧！

△玉鴻先下。

仲　寧：高小姐，我們今天一起去碧潭划船好不好？

秀　心：好！

仲　寧：過幾天，妳身體好一些，我們再到更遠一點的地方去玩去！

秀　心：（含情的望著仲寧）好，一切聽你的安排。

△仲寧攙扶秀心同出。

△客廳中，幼君手拿一疊照片，上有秀心、仲寧划船共遊、不同場景的照片，看到最後，幼君不禁悲從中來，眼角流下了眼淚。

幼　君：噢……（嗚嗚的傷心哭泣起來）……

△玉鴻邊喊邊叫的走進來。

玉　鴻：仲寧哥哥，仲寧哥哥……

△幼君急擦去眼淚，停止哭泣

玉　鴻：張姐姐，妳在看什麼？

幼　君：幾張你秀嫂和仲寧划船的照片。

玉　鴻：仲寧哥哥呢……他到那兒去了？

幼　君：我不知道。

玉　鴻：是不是又和秀嫂一起出去啦？

幼　君：是嗎？

玉　鴻：張姐姐，他們現在出去都瞞著我，不讓我知道。

幼　君：噢，是嗎？

玉　鴻：去什麼地方，連齊媽也不告訴一聲！……

△幼君不能再忍，轉過身去，背著玉鴻擦去眼淚

玉　鴻：張姐姐，……妳說秀嫂的病，是不是已經完全好了？

幼　君：嗯！……

玉　鴻：爸爸說，這全是妳和仲寧哥哥的功勞，後天他生日的時候，打算好好請妳們來家吃頓飯，表示他的謝意，……張姐姐，妳一定要來的呀！

幼　君：（嗓音變了）玉鴻，……我有點不舒服，我後天恐怕不能來了……

玉　鴻：不，張姐姐，妳一定要來的……（突發覺張的眼眶裡有眼淚）張姐姐，妳在哭？

幼　君：（掩飾）不，……是……我的眼睛最近不太好，風一吹就會流下眼淚來……

玉　鴻：噢，……我爸爸說，張姐姐妳真是個熱心的好護士，秀嫂也幸虧有妳，病才能好的這麼快！

△齊媽叫著上

齊　媽：小少爺，……水都已經放好了，快去洗澡吧！原來你在這兒，害我找了你半天！

玉　鴻：啊，……那我去洗澡了。張姐姐，記住，後天中午妳一定要來吃飯的喲！

△玉鴻說著隨齊媽離去

幼　君：（怔怔的自言自語）幸虧有我，秀嫂的病才能好的這麼快！（由哭而痛苦的笑了起來）哈哈……哈哈……

△幼君苦笑著，又突停了下來

幼　君：（ＯＳ）我看我還是離開這兒吧，我還在這兒留戀什麼呢？……走吧，……走得遠遠的，永遠不再看見他們，不也很好嗎？

△幼君起身想離去，卻又依依不捨起來，走至書架邊，撫摸著那些厚厚的醫書

△這時，仲寧興奮的從外進來

仲　寧：幼君……

幼　君：（一怔）你……回來啦？

仲　寧：幼君，真是太好了！…剛才我陪秀心去臺大醫院作了一次徹底的檢查，……根據檢查的結果，醫生說，她的精神，已經完全恢復了正常……幼君，她已經完全好了喲……

△他高興的述說著，未注意幼君的神情。

幼　君：（心不在焉的）噢，是嗎！

仲　寧：真想不到，我們僅花了三個月的時間，就把她給治好了……那兒的一位主任醫師說，這可真算得上是一項奇蹟！……

△幼君不語

仲　寧：幼君，妳沒看到剛才我陪秀心離開醫院時的神情，她……從心裡面笑了出來，那簡直像天使一樣的美。……

△幼君受不了這些話的刺激，她如山洪爆發的哭了起來。

仲　寧：（一愣）幼君，……妳是怎麼啦？

△幼君哭著奔了出去

幼　君：我……回去了，再見……

仲　寧：幼君，幼君……

△仲寧追了幾步，停住。

仲　寧：奇怪，她是怎麼啦？

△仲寧追出客廳

△稍頃，過了一陣子

△客廳，齊媽拿了一盤菜自廚房上，良樸高興的點上壽燭

良　樸：（高興的說著）十二點半了，仲寧……他們該到了吧？

玉　鴻：（自外入）爸爸，我肚子餓了，我看，我們先吃吧。

秀　心：玉鴻，還是等他們一下，也許一會兒就來了……

玉　鴻：齊媽，妳去大門口看一看嘛！

齊　媽：是，小少爺！……

△齊媽下

秀　心：秀心自內出

秀　心：奇怪，他們怎麼還不來呢？

良　樸：秀心，從今天起，妳別單獨在臥室裡吃飯了，……妳喜歡吃什麼菜，就告訴齊媽知道嗎？她會給妳弄的。

秀　心：是的，爸爸。……玉珮，今天會不會回來？

良　樸：誰知道她，最近這一陣子，她談戀愛談昏了頭，……那裡還記得今天是我的生日！

秀　心：玉珮在戀愛？……和誰？

良　樸：她學校的一個男同學，……大學都還沒畢業，居然想結婚，真是不知死活……

△仲寧手裡提了一盒蛋糕上

仲　寧：趙伯伯，真對不起，我遲到了！這是我給你帶來的生日蛋糕！

良　樸：仲寧，你真是太客氣了……咦，張小姐怎麼沒同你一起來？

仲　寧：她說，有點不舒服，不想來了，要趙伯伯原諒她！

良　樸：啊，……那我們就開始吧！來，來，來，坐，坐！

△眾人入席坐下，良樸爲仲寧倒酒。

良　樸：仲寧，來，喝點酒！

仲　寧：趙伯伯，我不會喝……

良　樸：不會喝，就少喝一點，秀心妳想不想喝？……

秀　心：我喝半杯！

玉　鴻：爸爸，我也要！

良　樸：好，……大家都喝一點兒，熱鬧一下！

△良樸爲秀心、玉鴻把酒倒好。

仲　寧：（舉杯）趙伯伯，我祝你生日快樂，身體健康，……（飲酒）

良　樸：（也舉杯）謝謝，……仲寧，自從你來到我們家，不但玉鴻功課大有進步，更給秀心治好了病。……我回敬你一杯，表示謝意。

仲　寧：趙伯伯，你這樣說，我真不敢當！……（飲酒）

△玉鴻、秀心也分別向老父敬酒。

玉　鴻：爸爸，我祝你福如東海，壽比南山！……

秀　心：爸爸，我也祝你年年如意！……

良　樸：好，……好，……大家吃菜！……

△眾人吃了一些菜後。

良　樸：秀心，妳該向仲寧敬酒才對！

秀　心：（舉杯）胡先生，……我不會喝酒，只是向你表示一點謝意！……

△秀心雙眼脈脈情的看著仲寧，仲寧也情意深切的一飲而盡。

仲　寧：謝謝妳，我乾杯，妳隨意！

良　樸：仲寧，我看你很能喝嘛！（又為他斟酒）來，多喝幾杯！

仲　寧：玉鴻，謝謝你！……

△正喝得愉快時，忽見齊媽匆匆忙忙奔入。

齊　媽：老爺，……不好了……

良　樸：什麼事？齊媽！……

齊　媽：張小姐……她，……她……給一輛汽車撞倒了！

仲　寧：被汽車撞倒了，……要不要緊？

良　樸：齊媽，張小姐……她人呢？

齊　媽：我看她向我們這兒走過來，……誰知，她一邊走，一邊不知在想著什麼事，車子來，她都沒看見，自己走上去撞，給汽車壓在車底下，一堆血，我看都不敢看！……

△仲寧飛奔而出，玉鴻也跟出。

良　樸：啊呀，……這下肯定凶多吉少！……唉！……真是，怎麼突然會發生這樣的事呢？……

秀　心：她怎麼走路……會不看見車子？

良　樸：齊媽，妳快去打一一九，要他們派救護車來！……快！……

齊　媽：是，老爺！

（第三場）

△在花園中

△花棚下空空的，月光照射著，稍頃，仲寧低垂著頭走來，在石櫈上坐下沉思

仲　寧：幼君……妳真的就這樣死了嗎？……既然妳要來，……爲什麼不和我一起來呢？……

△仲寧突像發現什麼起身，迎上前去。

仲　寧：幼君……妳沒有死，……是我在做夢？……幼君……

△秀心出現。

秀　心：仲寧，……我不是幼君，我是秀心！

仲　寧：（上前辨認）妳是秀心！……妳不是幼君？……幼君……真的已經死了？

秀　心：仲寧，你知道，幼君是爲什麼會死的嗎？……

仲　寧：爲什麼？

秀　心：是因為你……愛上了我！……當你第一次和我出去郊遊的時候，我就感覺出來了，難道你不知道，她在暗中愛著你？

仲　寧：是嗎？……可是愛情是不能勉強的，……秀心，難道……妳在懷疑我對妳的這份感情？

秀　心：並不是我在懷疑，……自從幼君死了以後，我發覺你對我的態度……變了，……處處冷淡我……我知道你心裡忘不了幼君，你愛的是幼君……並不是我……

△秀心傷心的哭了起來

仲　寧：秀心，妳誤會了，……我只是為她意外的死去，感到難過而已。

秀　心：哼，……別再騙我了！……你和玉鵬一樣……根本就沒真心對我，你和我在一起，只是給我治病罷了，對不對？……今天我才明白，噢！（痛心的）我再也不要看見你了！……

△秀心說罷傷心的走開，仲寧心煩意亂，追出。燈光暗轉。

△轉入客廳中，仲寧打開箱子將一件件衣服放進去，他在整理行裝，準備離開趙家，玉鴻在一邊挽留著

玉　鴻：仲寧哥哥，你怎麼忽然要走了呢？

仲　寧：我想……還是搬到醫院宿舍去住，比較方便些！

玉　鴻：不，仲寧哥哥，我不要你走！……

仲　寧：玉鴻，遲早我總要走的，總不能在你家住一輩子，是不是？

△仲寧去取書，放入箱子。

△良樸自內出。

良　樸：仲寧，……你真的要走嗎？

仲　寧：是的，趙伯伯，我在這兒已經打擾得夠久了，秀心的病也已經好了，……我該走了！

良　樸：仲寧，我真不知該怎樣留你才好，……你住在這兒，真的給我家帶來了不少生氣，如今你一走，我又要感到冷清多了！

仲　寧：趙伯伯，有空的話，我會來陪你聊天的！好在快放暑假了，玉珮也快回來了！

良　樸：仲寧，是什麼原因，突然使你想到要走呢？

仲　寧：沒有什麼原因，只是最近院長交給我一個病人，……我得住在院裡多跟他接近，才有辦法把他的病給治好！……

良　樸：噢！……

△齊媽匆匆上。

齊　媽：老爺，……胡少爺，……

良　樸：齊媽，又是什麼事？……這麼慌慌張張的？

齊　媽：少奶奶……她好像老毛病又犯了……一個人關在屋子裡，我問她半天，……一句話也不說，……只是在哭，……

良　樸：是嗎？……

齊　媽：胡少爺，你不能走，你還是留下吧，少奶奶大概是以爲你要走了，又舊病復發了……

良　樸：仲寧，你快去看看，……就別走了，好嗎？

玉　鴻：仲寧哥哥……（把箱子搶去）我不讓你走，我說什麼也不讓你走……

仲　寧：玉鴻！別這樣！

玉　鴻：不，我……不要你走嘛！

△這時主題曲琴聲又起，接著女聲又唱了起來。

OS：（秀心唱）往事如煙似霧，如今夢已成空，何處有你琴聲，何處有你影蹤……

仲　寧：（百感交集，終於決定留下）趙伯伯，……好，我決定留下！……把秀心的病徹底治好了，再走！

玉　鴻：啊……我成功了！

仲　寧：齊媽，帶我看少奶奶去！

△仲寧與齊媽下，良樸高興。

良　樸：只要仲寧不走，就好了。

△稍頃

△玉珮一個人自外進來，傷心哭泣著，良樸聞聲自內出，加以安慰地

良　樸：玉珮，妳是怎麼啦？一回家來，就哭哭啼啼的？……

玉　珮：爸爸，……我不想活了！

良　樸：什麼？不想活了？……這是爲什麼？

玉　珮：德昌……他和我鬧翻了，……他已經和別人要好去了！

良　樸：德昌？誰是德昌！……（想起）噢，是妳學校裡向妳求婚的男同學是不是？他怎麼忽然會和妳鬧翻了呢？

玉　珮：他……他……對我根本就不是真心的，聽說……我要等一年，才和他結婚，……就不理我了！

良　樸：這樣最好，妳可趁早對他死了這條心！……

玉　珮：爸爸，我都難過死了，……你一點也不同情我！

良　樸：玉珮，妳還年輕，……難道妳真怕沒人要，將來嫁不出去？

玉　珮：（嬌嗔地）爸爸！……

良　樸：玉珮，我覺得像妳這樣的年紀，失戀並不是一件壞事，可以給妳多得一次教訓，多一次體驗！

玉　珮：爸爸，……我不要聽你說這樣的話……我要你給我錢，……讓我痛快的去玩一玩，好不好！

良　樸：我不放心妳一個人出去玩，讓玉鴻陪妳一起去，好不好？

玉　珮：我不要！

良　樸：噢，……玉鴻，這暑假得考高中了，……這樣吧，要仲寧抽一點時間出來，陪妳出去玩，這該不會反對了吧？

玉　珮：他陪我去？……

良　樸：再或是找秀心也和你們一起去，多去和大自然接觸接觸，心胸開朗了，就不會記得失戀的痛苦了！

△正說者仲寧自外進入。

良　樸：仲寧，你來得正好，……玉珮放暑假了，悶在家裡，她是耽不住的，你抽空多陪她出去玩玩！……

仲　寧：趙伯伯，你不是要我治好秀心的病嗎？

良　樸：秀心，……也可以一起去玩嘛！

玉　珮：仲寧哥哥，……你會不會游泳？

仲　寧：會啊！……

玉　珮：那我們去福隆海濱浴場玩，好不好？……你一定游不過我！

仲　寧：玉珮，……明天去，成不成？

玉　珮：不，我……現在就要去！

仲　寧：（為難地）那……怎麼辦？……我還要回醫院裡去一下！

玉　珮：你不去，我自己去！（掉首而去）

△秀心走入花園

△鳥叫聲

仲　寧：（自後跟入）秀心，妳還記得嗎？我曾坐在這兒給妳說貝多芬「月光曲」的故事，……啊，時間過得真快，一眨眼，已經是半年多以前的事了……

秀　心：仲寧，最近和你在一起，我覺得好像日子過得特別快似的！

仲　寧：秀心，……（囁嚅地）

秀　心：嗯，……

仲　寧：我……打算把我倆的事，正式和趙伯伯好好的談一談，我想……他會同意的！

秀　心：不，仲寧……

仲　寧：秀心？……妳反對？……難道，妳並不愛我？

秀　心：（痛苦的）仲寧，你要我怎麼說呢？……我是個已經結過婚的女人，我還能接受你的愛嗎？

△二人坐下。

仲　寧：秀心，不要折磨自己，……玉鵬早已離開了妳，……難道，妳還不想和他離婚，永遠這樣孤單寂寞的過一輩子？

秀　心：仲寧，……我知道你很愛我，……可是，我配嗎？……我是一個給人拋棄了的女人。仲寧，讓我們永遠保持一份醫生和病人的關係吧！

仲　寧：不，……秀心，妳不能這樣虐待妳自己，是玉鵬辜負了妳，並不是妳辜負了玉鵬，……妳沒有理由爲了他，把自己一生的幸福都葬送掉！

秀　心：（惘然）……是嗎？爸會贊成我和玉鵬離婚嗎？這是不可能的，……不可能的……

仲　寧：秀心，這是可能的，趙伯伯愛妳，他希望妳獲得幸福，他有什麼理由來反對呢？秀心，拿出勇氣來，……今天，我們就一起去向他說……

秀　心：（思慮）今天就去向他說？……不，仲寧，你讓我冷靜的想一想，……這是一件大事，我得好好的想一想！

仲　寧：秀心，不用想了，……只要妳相信我愛妳是真心的。還有什麼好猶豫的呢？

秀　心：是的，你說得對。我相信你愛我是真心的，這還有什麼好猶豫的呢？……可是現在我的心裡亂極了，……在我的一生中，從沒有像現在這樣矛盾過！仲寧，（依靠著他）……你到底要我怎麼決定，才好呢？……

△秀心激動又喜悅的流下了眼淚，仲寧取出手帕，爲她擦淚。

仲　寧：秀心，……相信我……我不願意妳永遠這樣受苦下去，……我已經給妳趕走了病魔，難道妳還不想追求自由和幸福嗎？

△燈光暗轉秀心臥室

△白天，秀心一個人坐在沙發裡痴痴的想著

△玉珮自外進入

玉　珮：秀嫂，……妳在想什麼？……

秀　心：（猛然一怔）噢，我沒想什麼？

玉　珮：秀嫂，……

秀　心：嗯！……是不是又要我陪妳出去玩？

玉　珮：不是的。

秀　心：那是有什麼事要告訴我，是不是？

玉　珮：是的！……

秀　心：那妳說呀！……是什麼心事？

玉　珮：我……我……我不知該怎麼說才好？

秀　心：玉珮，和我妳還有什麼不好意思說的呢？

玉　珮：秀嫂，……我最近……愛上了一個人！

秀　心：是誰？該不會又是妳班上的男同學林德昌！

玉　珮：不是的……

秀　心：那是誰？

玉　珮：這個人，妳也認識的！

秀　心：（已緊張起來）我認識的？

玉　珮：他……就是仲寧哥哥

△強烈配音

玉　珮：秀嫂，……可是，我不知道他是不是也愛我，……那我應該怎麼向他表白呢？

秀　心：妳不知道他是不是也愛妳？

玉　珮：是的，我矛盾極了……好幾次，我都想問他，……可是，我又怕他回答的並不是我所想知道的！

秀　心：玉珮，……仲寧，他一點也沒有向妳表示過？

玉　珮：他很關心我，……也沒有討厭我的樣子，但是，我不知道，這究竟是不是就是愛情？

秀　心：玉珮，愛情是微妙的，……妳要我怎麼給妳解釋才好呢？

玉　珮：秀嫂，……我不要妳給我解釋，我只要妳給我幫忙，……秀嫂，我要妳把我的心意轉告給他知道，……秀嫂，妳肯答應我嗎？

秀　心：（茫然）要我把妳的心意，轉告給他知道！……

玉　珮：是的。秀嫂，妳一定要答應我！

△玉珮擁抱秀心，秀心背著玉珮，腮邊珠淚滾滾而下。

秀心：（痛苦、堅忍的）好，……我答應妳！……

△主題曲音樂配入

△幕徐徐下

第三幕

人：胡仲寧、趙良樸、趙玉珮、趙玉鴻、高秀心、齊媽、李小姐（護士）

景：（一）趙家客廳、花園、同第一、二幕

（二）醫院頭等病房一間

（第一場）

△幕啓時，秀心獨自一個人慢慢的走入花園，她在石櫈上坐下，呆呆的在想著心事

秀　心：（OS）我已經答應了玉珮，……可是我又怎麼向仲寧說呢？……玉珮比我幸福，她

可以把心事告訴我，說給我聽，而我……我能把心事告訴誰，說給誰聽呢？……

△仲寧也來到了花園，發現了秀心。

仲　寧：秀心，原來妳在這兒……妳一個人在想什麼心事？……

秀　心：不，……我在看天邊的晚霞，……它們變化得真快，……

仲　寧：秀心，……我發覺，妳也在變！……

秀　心：我也在變？……

仲　寧：是的，最近，我發覺妳對我的態度變得和以前不一樣了，……秀心，是什麼原因？使妳對我這樣的冷淡呢？

秀　心：仲寧，……我想問你一件事？

仲　寧：什麼事？

秀　心：你知不知道，有另外的一個女孩子，在偷偷的愛著你？

仲　寧：是誰？……秀心，難道妳還在懷疑我對妳的感情！

秀　心：你真的不知道有人在愛妳？

仲　寧：是誰……妳說嘛！

秀　心：是玉珮！

△配音，仲寧驚訝

仲　寧：（一怔）玉珮？……秀心，妳以爲我會愛上玉珮嗎？……那是不可能的，……我可以向妳發誓，我絕不可能愛上她的，這世界上我愛的只是妳一個！

秀　心：可是，玉珮她告訴我，她心中已愛上妳。

仲　寧：那是她的事，……秀心，希望妳別用她來疏遠我好嗎？……秀心，我不是一個可以把愛情當作遊戲的人！……

秀　心：仲寧，我相信你，……可是，我的心早已經死了，我會讓你失望的，……除非有一天，我知道，玉鵬真的已經死去，我才可能答應接受你的愛。

仲　寧：秀心，何苦這樣折磨妳自己呢？

秀　心：仲寧，你不會瞭解我的痛苦的，……這幾天夜裡，我時常夢見幼君的影子，你第一次和她來給我看病的情景，依然清楚的在我的腦海裡，……她是一個好女孩子，爲了得不到你的愛，死了，……我總不能眼看著玉珮，跟著做第二個幼君。

仲　寧：秀心，……妳怎麼會想到這些地方去？秀心！……

秀　心：不，仲寧，我很瞭解玉珮的個性，她對你已經發生了真正的感情，若是得不到你的愛，我想……她可能也會和幼君一樣死去的！……

仲　寧：秀心，不，不可能的。玉珮還年輕的很，……她怎麼會和幼君一樣死去呢？……

秀　心：仲寧，不要懷疑我說的話，玉珮是個任性的人，你難道都沒有看出來嗎？……她的倔脾氣，連她父親都拿她沒辦法！……

△遠處傳來玉鴻叫「仲寧哥哥」的聲音

秀　心：玉鴻在找你，……你快去吧，……我得回房去了！

△秀心起身離去。

仲　寧：秀心！……

△仲寧頹然望著秀心走去，不久玉鴻上。

玉　鴻：仲寧哥哥，……我叫你這麼久，你怎麼應都不應我一聲。

仲　寧：(驚覺)啊，……玉鴻，對不起，……我在想一件事，沒聽見，……找我有什麼事嗎？

玉　鴻：是我姐姐在找你，不是今晚她和你約好一起去參加她同學的生日舞會嗎？時間都到了……她到處不見你的人影，急得像熱鍋上的螞蟻，……在團團轉呢！

△玉鴻說著故意繞著仲寧團團轉。

仲　寧：啊，這件事，差一點我都給忘了，你姐姐呢？

玉　鴻：在客廳裡，到處打電話呢！

仲　寧：那快走吧！

△仲寧與玉鴻下

△秀心臥室，她扶著窗欞在向外望著，一片、兩片秋天的黃葉，在她面前飄落下來

秀　心：（咳嗽著）……秋天到了，……葉子又一片片的飄落下來，……時間過得真快，……玉鵬，……你真的就這樣永遠不回來了嗎？……（又接著咳嗽起來）……

△齊媽自外進來

齊　媽：少奶奶，……把窗子關上吧，……秋天了，小心受涼了？妳要不要再穿件衣服？

秀　心：不，……沒有什麼……

齊　媽：晚飯已經準備好了，……老爺要我來請你去吃飯。

秀　心：齊媽，……我不餓，……我不想吃了，……要他們先吃吧！（又咳嗽起來）……

齊　媽：少奶奶，……妳是不是不舒服？要不要我打電話，去把胡少爺找來，給妳看一看，開一點藥吃吃？

秀　心：齊媽，不用了，還是讓他在醫院裡忙吧，……我這是老毛病了，一會兒就好的！齊媽，……去忙妳的，有事我會再叫妳的。

齊　媽：是，少奶奶，……

△齊媽退出。

△秀心在屋內徘徊想著，疊印仲寧的影子。

OS：（仲寧）秀心，……我打算把我倆的事，正式和趙伯伯好好的談一談，……我想他會同意的！……

OS：（仲寧）秀心，……不要哲磨自己，……玉鵬早已離開了妳……他辜負了妳，並不是妳辜負了他，……妳沒有理由爲了他，把自己一生的幸福都葬送掉，……秀心，拿出勇氣來，我們一起去和他說……

OS：（仲寧）秀心，……妳以爲我會愛上玉珮嗎？那是不可能的，……我可以向妳發誓，這世界上我愛的只是妳一個。

△仲寧的影子隱去，換上了玉珮的。

OS：（玉珮）秀嫂，……我不知道他是不是也愛我？……他很關心我……也沒有討厭我的樣子；但是，……我不知道這究竟是不是就是愛情？……

OS：（玉珮）秀嫂，我不要妳給我解釋，我只要妳給我幫忙，……秀嫂，我要妳把我的心意，轉告給他知道……秀嫂，妳肯答應我嗎？秀嫂……妳一定要答應我！……

△玉珮影子隱去……

△秀心矛盾痛苦的哭了起來。

秀　心：天啊……你要我怎麼辦？……怎麼辦呢？……愛情，……難道真是一杯苦酒嗎？……

△她看見酒櫃上陳列的樣品小洋酒

秀　心：苦酒，……這不是酒嗎？……

△秀心看見酒櫃上那些小樣品酒，不禁取來打開，喝下一小瓶……繼而又打開喝了另一

瓶，不久酒性發作

秀　心：酒，……讓酒來清醒我的頭腦吧！

△秀心劇烈的咳嗽起來……燈光暗轉。

△燈光照客廳，玉珮在向良樸說話

玉　珮：爸爸，……

良　樸：嗯？……

玉　珮：仲寧哥哥一會兒就來了，來了，你就和他說，好不好嘛！

良　樸：玉珮，……這是妳自己的終身大事，怎麼妳自己不說，反倒要爸爸給妳說呢？

玉　珮：(少女害羞，轉過頭去)我……不好意思嘛。

良　樸：(高興的笑著說)好好，爸爸來替妳說，這妳該高興了吧？……我在奇怪，仲寧要是真喜歡妳，……怎麼不先主動向妳求婚呢？

玉　珮：誰知道他！

良　樸：玉珮，妳真的愛仲寧？……婚姻可不是兒戲，隨便鬧著玩的喲！……

玉　珮：爸爸……我知道，……

良　樸：那就好，……我覺得仲寧是個很難得的年輕人，……爸爸有意讓你們先訂婚，等妳大學畢了業再結婚，……婚後，你們可以一起出國，讓仲寧完成他未完的學業，得了博士學位，然後再回國服務……玉珮，妳同意爸爸這樣的安排嗎？……

玉　珮：（微笑地）我同意，……百分之百的同意……

良　樸：（逗趣地說）妳現在可不會說：我不想再活了吧，哈哈……

玉　珮：我不來了，爸又笑我……（轉過身）

△仲寧手夾幾本醫書自外進來

仲　寧：趙伯伯，……你今天沒出去？（看見玉珮）玉珮也在！……

玉　珮：（轉身見仲寧，害羞地）爸爸，我走了！仲寧哥哥，再見！

△玉珮走至門口，又向父親眨了一下眼睛

良　樸：（會意的點點頭）好，妳去吧，別回來太晚了，（轉向仲寧）仲寧，沒有什麼事，……你先坐下，……我有話要和你談。

仲　寧：是，趙伯伯。

△仲寧坐下，良樸先取香煙點著抽了幾口，空氣沉靜下來，然後慢慢的說

良　樸：仲寧，……你從美國回來，……快要滿一年了吧？……

仲　寧：是的，已經十一個月了。

良　樸：時間過得真快，……記得，你第一天來的時候，我就問起過你，有沒有要好的女朋友，你說沒有，……現在呢？

仲　寧：（想說出心事，卻又猶豫著）我……不知該怎麼說才好。

△門後，玉珮並未離去，在躲著偷聽

良　樸：仲寧，你不說，我也早已經看出來了，其實……「男大當婚，女大當嫁」這沒有什麼不好意思的，何況，你也到了該成家的年齡了……我覺得你跟玉珮，無論那一方面來說都很合適……

仲　寧：（聽說玉珮，不覺一怔）噢，……趙伯伯，我不是這個意思……

良　樸：什麼？你是說，……目前，你還不想結婚？

仲　寧：（想辯說清楚，但又忍住）是的！……

良　樸：我也不是馬上要你們結婚，……我是打算先給你們訂婚，等玉珮暑假大學畢了業再舉行婚禮，然後你們一起出國，你可以繼續去完成你的學業，……仲寧，你覺得我這樣的安排不好嗎？

仲　寧：（想拒絕，又不便啓口，真是左右為難）趙伯伯，這件事……你給我一些時間，讓我再仔細的考慮一下好嗎？

△玉珮在門後聽到仲寧含糊的回答不禁失望，她傷心的掉首而去

良　樸：（想了一想）也好，……這是有關你終身幸福的事，多考慮一下，是對的！

△仲寧本已起身想離去，繼而又停住，猶豫再三，鼓起勇氣

仲　寧：(向良樸)趙伯伯，……

良　樸：嗯？……仲寧，……你還有什麼話要說嗎？

仲　寧：我想和你談一談秀心的事。

良　樸：喔，……她最近的情況還好嗎？

仲　寧：她已完全恢復了正常，……前兩天，我又和她去臺大作了一次檢查，結果是完全OK。……

良　樸：噢，謝天謝地，仲寧，我真該好好的謝謝你才對。

仲　寧：趙伯伯，……希望你別怪我，……我想問你一件事！

良　樸：什麼事？

仲　寧：玉鵬，……他究竟會不會回來了呢？……我們既然治好了秀心的病，也該爲秀心未來的幸福打算一下！

良　樸：(又氣又恨)不要再提起玉鵬，……就算他回來，我也不會讓他進這個門的，……至於秀心未來的幸福……對的，……仲寧，你有發現合適的對象嗎？

仲　寧：趙伯伯，你不反對秀心再嫁？……

良　樸：我沒有理由讓她爲玉鵬這樣守一輩子，仲寧，你的同事之間，若是有合適的，你可以把他帶來見我，……我會出面，讓她跟玉鵬辦理離婚的！……

仲　寧：噢！……是的……

△仲寧有點高興，又有點茫然，燈光暗轉。

△燈光照玉珮坐在花園石櫈上，手裡玩弄著一枝小花，她無聊的把花瓣一片片撕下來，稍頃，仲寧自外進入

玉　珮：仲寧哥哥，你說，喜歡一個人，是不是就是愛一個人？

仲　寧：喜歡和愛並不一樣，一個人可以喜歡好幾個人，可是愛，卻只能愛一個。

玉　珮：仲寧哥哥，……你是不是很喜歡我？……

仲　寧：嗯！……

玉　珮：那你是不是……也很愛我呢？

仲　寧：玉珮……我很喜歡妳，把妳看作就像是我的妹妹一樣，……可是，……我並不能愛妳。

玉　珮：爲什麼呢？仲寧哥哥，你說啊！……

仲　寧：因爲……喜歡……和愛，並不是一樣的。

玉　珮：（傷心的）不，……我要你……說出真正的理由，（一轉）噢，……你是故意在跟我開玩笑，是不是？你是愛我的對不對？

△玉珮故意高興的笑著說

△秀心經過，躲在樹後聽著，她的反應，緊張、矛盾。

仲　寧：玉珮，……我沒有和妳開玩笑。

玉　珮：（真的難過）那……是爲什麼呢？

仲　寧：我……實在的告訴妳吧，……因爲……我已經有了愛人！

（強烈配音）

玉　珮：什麼，……你已經有了愛人？……是張幼君？是不是？

仲　寧：不……

玉　珮：我不相信，……你是故意在騙我！

仲　寧：玉珮，……（冷靜的）我沒有騙妳。

玉　珮：那你告訴我，她是誰？……誰是你的愛人？

仲　寧：（想說，結果仍是忍住了）妳不會知道的！（痛苦的）

玉　珮：不，仲寧哥哥，不管你說的是真的還是假的，我還是愛你的！因爲，我從來沒有這樣的愛一個人，像愛你這麼深，……要是你讓我失望的話，……我會去死的，真的，……我會去死的！……

仲　寧：玉珮，妳冷靜一下，別這樣！……

△玉珮痛苦的哭了起來

仲　寧：玉珮，……妳聽我說……

玉　珮：我不要聽，不要聽！……（把耳朵捂起來）……

仲　寧：玉珮，愛是不可以勉強的！……

玉　珮：（突抬起頭）不要再說了，……你等著看好了，我會用事實來證明給你看的！

△玉珮說著痛哭的離去

仲　寧：玉珮，玉珮……

△仲寧追下

△樹後的秀心，珠淚盈盈，暗轉。

（第二場）

△良樸在客廳看玉鴻的成績單，頻頻點頭

良　樸：嗯，英文87，國文82，……數學90，……不錯……玉鴻，你的功課真是進步多了……

△玉鴻得意的站立在一旁。

玉　鴻：爸，你答應給我買的手機，可以買了吧？……

良　樸：好，一定買，……你先去做功課，吃過晚飯，爸就上街給你去買！

玉　鴻：好。

△玉鴻把成績單放入書包，高興的走入內室去

△不久秀心由外走入。

秀　心：爸，……你找我來，有什麼事嗎？……

良　樸：秀心，……妳先坐下！……

△秀心坐下，良樸喝了一口茶，想了一下，才說。

良　樸：秀心，我聽仲寧說，妳……

秀　心：（有點緊張）我什麼？

良　樸：妳已經完全恢復了健康，……我真爲妳高興，……可是，爲妳將來的幸福著想，……我又不免有些發愁，（停頓了很久）……玉鵬，……他是不會回來了，妳總不能就這樣守他一輩子，……我已拜託了仲寧，要是有什麼合適的對象，要他帶來見我，……我會同意妳和玉鵬離婚的，……只是不知道，妳自己的意思怎麼樣？

秀　心：（百感交集）我……我……不想再結婚！……

良　樸：秀心，都怪我不好，使妳進門以後一直過著痛苦的日子，……可是誰又會想到，玉鵬這畜牲去了外國，會連我這父親也不要了呢！……

秀　心：（咳嗽起來）爸，……你別再說下去了。

良　樸：秀心，……最近我打算先給仲寧和玉珮訂婚，……同時我希望妳的事也能早有個決定，將來你們兩對同時舉行婚禮，也好讓我了了心裡的兩件大事……

△良樸得意的說著，秀心實在無法再聽下去。

秀　心：爸，……我有些不舒服，……我想回房去休息一下（咳嗽）……

良　樸：我聽齊媽說，妳最近時常咳嗽，……有沒有要仲寧開點藥給妳吃吃，……我看這幾天，妳的臉色也不太好……

秀　心：只是支氣管發炎，沒有什麼要緊的！

良　樸：秀心，還是小心一點，……仲寧好不容易把妳的病給治好了……妳自己也該當心一些才是，我剛才和妳說的話，……妳不妨好好的去想一想。

秀　心：好……（含淚轉身）

△秀心背著良樸擦淚，正欲離去，齊媽匆匆上，秀心停下。

齊　媽：老爺，……不好了，……不好了……

良　樸：什麼事，齊媽，……快說呀。

齊　媽：小姐……她不知爲了什麼事？……吃下安眠藥，自殺了。

良　樸：什麼？玉珮……自殺了？

齊　媽：是的，老爺，……你快去看嘛！……在她自己房間裡……

良　樸：好，我就去，……（又轉回叫齊媽）齊媽，快打電話去把胡少爺給叫回來！……

△良樸與齊媽下。

秀　心：玉珮，真的自殺了？……天！我該怎麼辦呢？……（咳嗽）幕下

第四幕

（第一場）

△幕啓時：

△秀心在臥室看聖經

△時已十二點半，秀心拿著一本聖經，裡面夾著一張玉鵬的照片，痴痴的想著

秀　心：愛是不求自己的益處，愛是凡事忍耐，凡事盼望，愛是永不止息……

△時鐘的嘀答聲。

ＯＳ：（仲寧）秀心，不要折磨自己，玉鵬早已離開了妳，是他辜負了妳，並不是妳辜負了他！……

秀　心：仲寧，……爲了玉珮，你還是忘了我吧！……愛是不求自的益處，並不是佔有，爲什麼，我還要再猶豫不決呢？……

△秀心抽泣的臉上眼淚慢慢的流下來。

秀　心：我應該犧牲自己，成全玉珮，……他們婚後，仲寧還可去國外繼續深造，我不該……毀了仲寧的前途……可是我要怎麼做？才能使仲寧對我死了心……

△秀心自抽屜取出信封信紙。

秀　心：信，……讓我寫信告訴他，……不，他不會聽我話的！……（面對玉鵬照片）玉鵬，求你幫助我，……讓玉珮得到她所心愛的人吧！……（想到好法子）嗯，我有了好辦法，……冒充玉鵬寫信給我，說他快回來了，……這不就成了嗎？……

△秀心揮筆在信箋上寫下。

秀　心：秀心，希望妳能原諒我……我快回來了……

△秀心越寫越痛苦，伏案哭了起來。

△燈光暗轉仲寧坐在客沙發裡看著信。

ＯＳ：（秀心）仲寧，這是我第一次給你寫信，但願也是最後一次給你寫信，……我非常感謝你治好了我的病，可是我無法接受你對我的愛，把我忘了吧！……我是一個有丈夫的女人，玉鵬昨天突然從美國給我來了信，他說，再過幾個月，他就要回臺灣來了，……希望我能原諒他以往的錯誤，與他重歸於好。……仲寧，玉珮是真心的愛著你，希望你不要再使她失望，但願能早一天喝到你倆的喜酒。仲寧，相信我說的，都是真的。

　　　秀心上

△仲寧痛苦的想著。

仲寧：（心聲）這是真的？玉鵬要就回台灣來了……不，我不相信！……秀心，難道妳真的願意我和玉珮結婚嗎？……妳根本就沒有愛過我？……

△玉鴻拿了課本來請教仲寧。

玉　鴻：仲寧哥哥，……你教我做這一題，好嗎？

仲　寧：（在想著別的事）好，……你先放在這兒，……我現在心裡亂得很……

△齊媽又上

仲　寧：齊媽，有什麼事？

齊　媽：少奶奶把你給她吃的藥，全都倒了，她一點都沒有吃！……

仲　寧：唉，……不吃藥，病怎麼會好呢？……

齊　媽：她不但不吃藥，反而在喝酒，……那些做擺飾的樣品酒，全給她喝了，……這幾天，我看她咳嗽越來越厲害了……

仲　寧：（嘆息）唉，……齊媽，……妳說，……她這樣，我該怎麼辦呢？……

玉　鴻：啊，……好像爸爸回來了……

△玉鴻出去，一會兒與良樸同進，良樸把手杖放好坐下。

齊　媽：老爺，……小姐在醫院裡怎麼樣？……是不是沒有危險？

良　樸：明天就可以出院了，幸好發現得快，洗了胃，把安眠藥全吐了出來，要不然可真不敢設想了。

齊　媽：啊，……真是菩薩保佑……

良　樸：齊媽，妳去燉一隻雞，晚上給小姐送到醫院裡去。

齊　媽：是。

良　樸：妳去忙吧！……

△齊媽下。

良　樸：玉鴻，……你也做功課去，我有話要和仲寧說……

玉　鴻：是。

△玉鴻下。

良　樸：仲寧，玉珮說你已經另外有了愛人，是真的嗎？……還是和她說著玩的？……

仲　寧：趙伯伯，我真不知該說什麼才好，我沒有想到玉珮會鬧這樣大的事出來！

良　樸：事情總算已經過去了，……你也不用爲這件事，放在心上，我是一個很開通的人，……不會太勉強別人做他所不願做的事，……要是你覺得玉珮，不和你相配的話，……也希望你能坦白的告訴我，我決不會怪你的！……

仲　寧：趙伯伯……（思慮再三，看看手中的那封信）我決定……同意先和玉珮訂婚！

良　樸：仲寧，不用太勉強，……你是真的願意這樣做嗎？

仲　寧：趙伯伯，……真的！……玉珮既然這樣愛我，……我有什麼不願意呢！

良　樸：好，你這樣說，我也就放心了，……你治好了秀心的病，又補好了玉鴻的功課，我這樣的來答謝你，也該說得過去了吧。……那麼，你看什麼時候訂婚比較好呢？

仲　寧：一切由趙伯伯決定好了，……我沒有任何意見！……

良　樸：那好極了，……我立刻積極去籌備！……玉珮，這樣可不會不高興了！

△良樸高興的說著，仲寧的手握緊，把那封信捏成一團。

△燈光暗轉，秀心在臥室楞楞的坐在沙發裡。

△風吹刮窗子的聲音。

△一支落地燈亮著。

△秀心咳嗽越該越厲害，把手帕摀摀嘴結果發現吐血

秀　心：啊，……血……

△遠處腳步聲傳來。

△玉珮高興的上。

玉　珮：秀嫂，……秀嫂……

秀　心：（急將手帕藏起來）玉珮，……妳回來啦？

玉　珮：秀嫂，我來告訴妳一個好消息，仲寧已經答應和我訂婚了！

秀　心：（晴天霹靂，心如刀割）噢！……

玉　珮：秀嫂，妳不替我高興嗎？

秀　心：（忍淚含笑的說）玉珮，……我恭喜妳！

玉　珮：秀嫂，我真開心，我終於還是得到了仲寧，秀嫂，……我得謝謝妳，是不是妳在背後幫了我的忙？……

秀　心：玉珮，你們什麼時候正式結婚呢？

玉　珮：我大學一畢業，就正式結婚，……我打算到日本去渡蜜月，然後一起去美國讀書！

秀　心：那不快了嗎？……

玉　珮：秀嫂，……希望妳也能早一點找到對象，我們一起去渡蜜月，好不好？

秀　心：我？……我……不想再結婚了！玉珮，我想拜託妳一件事！

玉　珮：秀嫂，什麼事？

秀　心：妳不是說，有個同學和她父親一起到美國去了嗎？……我想請妳寫信給她，要她打聽一下妳哥哥在美國的情況，回信告訴我……好嗎？

玉　珮：好的，……我一會兒就去寫信。

秀　心：最好，要妳那同學直接給我回信，……玉珮，可以嗎？……

玉　珮：可以，我要她把回信直接寫給妳！……哥哥也真是的，……這麼久了，一封信也不寄回來！……

秀　心：我想，終有一天，他會寫信來的！（傷心的說）

△玉珮安慰秀心

玉　珮：秀嫂，妳又哭了，……我真不該說這些的！

△秀心忍不住觸景傷情，抱著玉珮哭泣。

秀　心：玉珮……

△燈光暗轉良樸在花園澆花，仲寧自外進入

仲　寧：爸！……

良　樸：仲寧，你回來啦？……今天下班好像早了點兒？

仲　寧：爸。……有一件事，我想來告訴你。

良　樸：什麼事？

仲　寧：前幾天，我陪秀心去作了一次X光透視，……發現她的左肺有一片陰影，……不知道是肺結核呢還是肺癌？……

良　樸：噢，……難怪，最近這陣子，她老是不停地咳嗽！……

仲　寧：爸，我想把她送去住院治療，……不知你同不同意？

良　樸：她肯去嗎？……真是沒想到，好不容易把精神病治好了，又生起這種病來……

仲　寧：爸，……現在醫學進步，……我想她的病，可以治得好的！

良　樸：只是又要麻煩你了！……

△齊媽前來。

齊　媽：老爺，少奶奶不知怎麼，突然在房裡昏了過去，……吐了一地的血！……

良　樸：啊，……昏了過去？……仲寧，快去，我們還是把她送到醫院去吧！……

仲　寧：是，……

△三人同時匆匆下，暗轉。

（第二場）

△將秀心臥室佈景，改爲醫院頭等病房，有病床，床頭櫃、衣櫥，又有窗可看外面，有門通外

△秀心靠在床上，她喁喁自語

秀　心：聖經上說，愛是不求自己的益處，凡事忍耐，凡事盼望，愛是永不止息。……我既然已經決定退出了，怎麼又後悔了呢？仲寧和玉珮在一起是相配的，……我該爲這件事高興才是，爲什麼我還要爲這件事流淚呢？……

SE：敲門聲

△秀心仍是流下眼淚，聞敲門聲急將之擦去。

秀　心：進來。

△玉珮帶鮮花進來，插入花瓶中

玉　珮：秀嫂，……妳的病好些沒有？醫生怎麼說？要不要緊？

秀　心：沒有什麼！……

玉　珮：秀嫂，（取出一張別緻的喜柬給秀心看）妳看，這是我請人精心給我設計的結婚喜帖，妳看，漂不漂亮？

秀　心：（接喜帖不禁手都在發抖）給我看看！……

△玉珮與秀心並肩看喜柬。

玉　珮：（唸喜帖上的字句）我倆以一份愉快的心情，來告訴您這個喜訊，本月二十七日的中午十二時，我倆將在新生南路的天主教聖家堂正式舉行婚禮，歡迎您來參加觀禮，胡仲寧、趙玉珮鞠躬……秀嫂，……妳說好不好？

秀　心：（忍住）好極了！……

玉　珮：秀嫂，那一天，妳一定要來呀，……不然我會不高興的！

△秀心極力壓制著

玉　珮：秀嫂，明天起，我就得去忙畢業考試了，這以後，恐怕沒有時間常來看妳了，妳不會怪我吧！

秀　心：玉珮，……妳去忙妳的吧，……我怎麼會怪妳呢？……

玉　珮：對了，最近我那在美國讀書的同學，有沒有再給妳寫信來？有沒有打聽到哥哥的消息？

秀　心：有的，……她曾經去看過一次玉鵬，還說，他已經有了兩個小孩，……並且已經入了美國籍……

玉　珮：秀嫂，這樣也好，……妳就徹底把他給忘了吧！……先把妳的身體養好，我讓仲寧一定給妳找一個更好的對象！

秀　心：玉珮，……我的病，恐怕不會好了……謝謝妳的好意！

玉　珮：那怎麼會呢？這兒的醫師都是很有名的，妳的病一定會好的！

△護士李小姐推門進來，端了一杯藥水和幾片藥片。

護　士：高小姐，……妳吃藥的時間到了。

秀　心：妳先放下，我等下吃

△李小姐退出。

玉　珮：秀嫂，(看手錶)……我得走了，希望妳別忘了，這個月的二十七號要來參加我的婚禮，妳要不來，我和仲寧都會不高興的！

秀　心：玉珮，……我一定會去的，……妳放心就是了！……

玉　珮：好，那我走了！再見！

秀　心：再見！……

△玉珮走出病房。

△秀心仍看那喜柬。

秀　心：胡仲寧、趙玉珮鞠躬……（雖氣）我的心願終於達成了，（咳嗽）……我能去參加這樣的婚禮嗎？……我能受得了這樣的刺激嗎？……（咳嗽再劇，苦笑）哈哈……讓我死了吧！（把藥水、藥片一片片的丟入垃圾桶）……我不要看見這一天，我不要看見……

△護士李小姐又進來。

護　士：高小姐，妳又把藥水倒了，……這樣妳的病，怎麼會好呢？……

秀　心：我……的病，……會好的，……它會好的，……總有一天會好的……

護　士：（搖頭嘆息）唉！……（出去）

△秀心又掩面傷心的哭起來

△仲寧稍頃自外進入。

仲　寧：秀心，怎麼妳又在哭？

秀　心：（掩飾地）不，我是在笑！

仲　寧：妳瞧，……妳的眼淚還在呢？……

秀　心：仲寧，……我是因爲太高興了才流眼淚的。因爲，我剛才又接到一封玉鵬的來信，他說下個月，他就要回臺灣來了，……

仲　寧：是真的嗎？……

秀　心：當然是真的，（打開抽屜，有十幾封美國來的航空信，故意拿出來給仲寧看）喏，你看，……這些……都是最近他給我來的信！……

仲　寧：秀心，可以給我看一下嗎？……

秀　心：這是我丈夫寫給我的私信，怎麼可以給你看呢？

△秀心又將信放回抽屜。

仲　寧：秀心，玉鵬真的快回來了嗎？……妳不是故意在騙我吧？剛才護士告訴我說，妳又把藥水倒掉是嗎？……妳爲什麼要這樣做呢？……玉鵬要回來了，妳願意他在醫院裡看見妳生病是不是？……

秀　心：（沉默低頭）……仲寧，不要來責備我，你不是就要和玉珮結婚了嗎？……只要你能幸福、快樂，……我就滿足了！

△仲寧激動的向秀心說。

仲　寧：秀心，……妳完全想錯了，妳以爲愛情是可以轉讓的嗎？我愛的是妳，……只要妳答應我，我可以立刻取消這一次的婚禮。秀心，我並不愛玉珮，我愛的只是妳！難道，妳還是不能相信我嗎？

秀　心：仲寧，我知道你的心，……我也清楚你愛我，可是，我不能接受你的愛，因為……

仲　寧：因為什麼？

秀　心：因為我知道玉珮比我更愛你！……你忘了她曾經為你自殺過？……仲寧，答應我，把你愛我的這份心，去愛玉珮吧！

仲　寧：秀心，妳說玉珮比妳更愛我，……這麼說，妳也是愛我的，是嗎？……

秀　心：（再也無法隱藏真情）是的，……仲寧！

仲　寧：秀心！……

△二人緊緊相擁，半晌，秀心推開仲寧。

秀　心：仲寧……現在你可以走了，……從明天起你再也別來看我……把我永遠忘了吧！……你走呀，……你不走，我要叫了……

仲　寧：（無奈）好，我走！……

△仲寧退出病房。

△秀心傷心的哭了起來，燈光暗轉。結婚進行曲的音樂升起。

（第三場）

△客廳中良樸高興的攜玉鴻自客廳外進入，臉上喜氣洋溢。

良　樸：啊唷，……真累死我了，……當主婚人，還真不簡單！（說著把胸前掛的主婚人條子拿下來）……玉鴻，你今天吃飽了沒有？

玉　鴻：吃飽了，爸爸！……

良　樸：（打酒嗝）嗯！……

玉　鴻：將來我結婚的時候，……也要和今天一樣。

良　樸：那當然，……一定比今天還要熱鬧。

玉　鴻：我結婚後，也要去日本渡蜜月！

良　樸：那當然！

△齊媽上。

齊　媽：老爺，……小姐和姑爺呢？……還沒有回來啊？

良　樸：他們到照相館拍照去了，一會兒就回來了。齊媽，等會兒，可能還有不少客人要來，妳點心、糖果、茶什麼的，都準備好了嗎？

齊　媽：早都準備好了！……

△汽車喇叭響……

良　樸：也許是他們回來了，快去開門。

齊　媽：是！……

玉　鴻：我去。

△玉鴻搶著去開門，不久一對新人仲寧、玉珮隨之進來。

齊　媽：老爺，剛才醫院裡來電話說，少奶奶……可能病危了，要我們趕緊派人去看一看！

良　樸：（一驚）什麼，少奶奶已經病危了？……

玉　珮：秀嫂，……齊媽，……秀嫂怎麼啦？……

仲　寧：玉珮，我們快去醫院看一下……爹，你還是留在家裡招呼客人好了，……我一會兒就回來！……

良　樸：好吧！……（表情沉重）

仲　寧：玉珮，快走吧！

△仲寧與玉珮奔出。

△燈光轉入病房中，門被仲寧推開，他與玉珮進入，病床上已是空空的。

玉　珮：秀嫂，……奇怪，人呢？……

仲　寧：秀心！……

△李小姐進來哀傷的說。

護　士：你們來晚了一步，高小姐在中午的時候，已經往生了……

玉　珮：（痛哭）啊，秀嫂，……（倒在床上）

仲　寧：（傷心）秀心，……妳……爲什麼，不等我們一下？……

護　士：胡大夫、趙小姐，……你們今天才結婚？……

仲　寧：是的！……

護　士：你們放心吧，……她是微笑著走的，臨死的時候……還直叫著你們兩個人的名字呢！……

玉　珮：秀嫂……

△李小姐打開抽屜開始整理遺物。

護　士：胡大夫，她留下的這些東西，你是不是要帶回去？

仲　寧：好的……

△李小姐拿出一疊信。

護　士：這些信呢？……

仲　寧：給我。……（他好奇的抽出一封來看）什麼？……玉鵬入了美國籍，根本就沒有打算回來！……原來，秀心是在騙我的！……

玉　珮：仲寧，……你在說什麼？這是我同學寫給秀嫂的信？……你以爲是誰寫的？

仲　寧：秀心告訴我說是玉鵬寫的，……她說玉鵬快要回臺灣來了！

玉　珮：秀嫂告訴你說，我哥哥要回來了？……

仲寧：啊……我明白了！她一直在騙我！……玉珮，我們回去吧！

△主題曲的鋼琴聲響起。

△主題曲的字幕 Supe 在畫面上。

△仲寧與玉珮哀傷的離開病房，李小姐也拿走床墊及藥物出。

△幕後報幕說。

OS：聖經新約哥林多前書第十三章第五節說。

△「愛是不求自己的益處，愛是凡事忍耐，愛是永不止息」。

△幕徐徐下。

～全劇終～

碧海青天夜夜心

（主題曲）

姜龍昭詞
愼芝　曲

3/4 F 調
哀傷、緩慢

$$0 \quad 0\underline{3\,5}\,\dot{1} \;\|:\; 3 \;—\; \cdot\, \underline{3} \mid 0\,3\,\#\underline{5\,7} \mid 2 \;—\; \cdot\, \underline{2} \mid \dot{1}$$

（一）輕輕的　　煙，　　　　淡淡的　霧，　　　　　夜
　　　聲，　　　　令人心　醉，　　　　　彷
　　　霧，　　　　月　朦　朧，　　　　　碧

1.
$$7 \;—\; \dot{2} \mid \widehat{6 \;—\; 7} \mid \overset{3}{\underline{6\,7}\,6\,5} \;—\; 5 \mid 0\,\underline{3\,5}\,\dot{1} :\|$$

色　　　正　朦　　　朧，　　（二）你的琴

2.
$$7 \;—\; \dot{2} \mid 6 \cdot \underline{7}\,6\,5 \mid \dot{1} \;—\; \cdot\, \dot{1} \;—\;$$

彿　　　是　在　夢　中。
海　　　青　天　夜夜　心。　　　　　FINE

$$3 \cdot \underline{4\,5\,6} \mid 4 \quad 2 \;—\; \mid 4 \cdot \underline{5} \quad 7\,6 \mid 5 \quad 3 \cdot 7$$

（三）往　事如煙　似　霧，　　如　今　夢已　成　空，何

$$\dot{1}\,\dot{2}\,\dot{3}\,\overset{3}{\underline{4\,5\,4}} \mid \dot{3} \;—\; 0\,\dot{3} \mid \dot{2} \;—\; \dot{1} \mid 7 \;—\; \#6$$

處有你琴　　聲？　何　處　　　有　你　　　影

$$7 \;—\; \cdot \mid 7\,0\,\underline{3\,5}\,\dot{1} \;\|\;$$

蹤？　　（四）輕煙淡

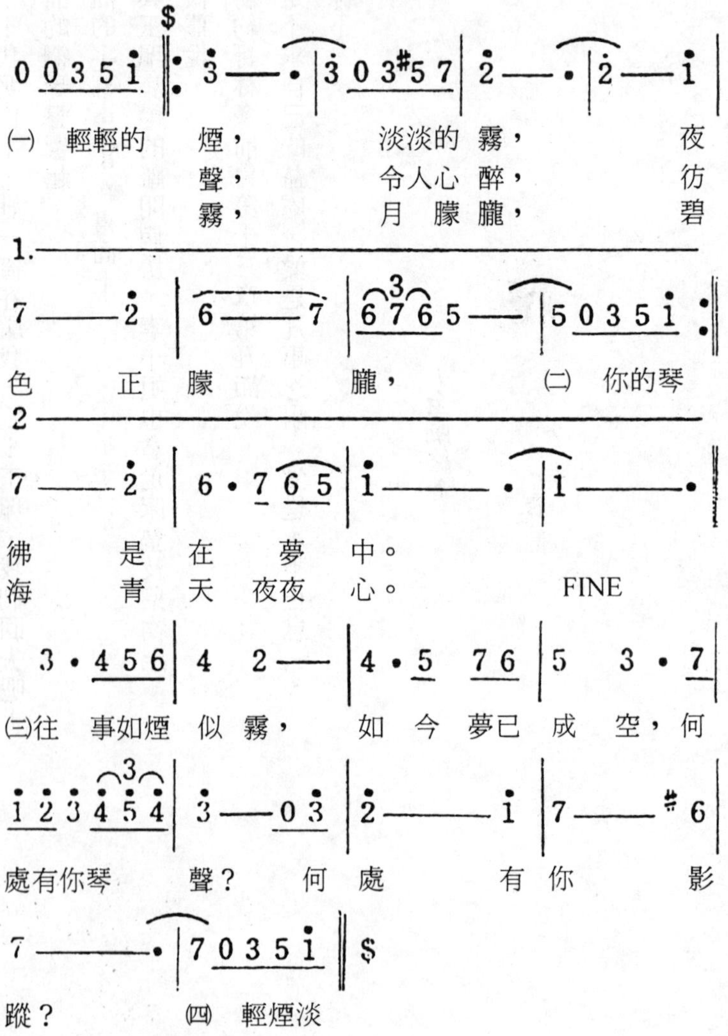

「萬象更新」 四幕舞台劇

時間：

第一幕——民國卅六年之臘月初八

第二幕——民國卅六年之臘月二十

第三幕——民國卅六年之小除夕

第四幕——民國卅六年之大除夕

人物表：

李老奶奶：約七十餘歲，是一頗有福相的老婦人。

李小梅：李老奶奶的長孫女，廿歲左右。

李小蘭：李老奶奶的幼孫女，八歲左右，活潑可愛。

刀疤老七：四十餘歲，臉上有一刀疤，是江湖上的歹徒，一看即非善類。

陶大勇：廿五、六歲左右，老七的徒弟，本性善良，一切聽命於師父。

朱老爹：六十多歲的老人。李家的鄰居。
小順子：八、九歲左右的男孩，朱老爹的孫子，與小蘭常在一塊玩。

佈景：
（一）李家堂屋及後院，堂屋有一門通柴房、有一門通奶奶臥室、後院有枯樹及一口井
（二）小客棧房間：有簡單桌椅、可喝酒、有一牀、一門通外、另一窗房。

第一幕

時：白天
人：小蘭、小順子、大勇、奶奶、小梅、朱老爹、刀疤老七
景：柴房、屋內、後院、堂屋
△幕啓時：
△小蘭一個人在柴房前空地上跳繩，口裡不斷的數著。
小　蘭：十三、十四、十五……
△小蘭穿北方冬天孩童的服裝，一會兒小順子自外上，手裡拿著一個毽子。頸上圍著圍巾，頭戴絨線帽。
小順子：小蘭小蘭，我們來踢毽子玩，好不好？

小　蘭：（停下跳繩）誰和你踢毽子？……

△小蘭轉身欲離去，小順子急忙拉住。

小順子：小蘭！別不理我嘛！……我再也不和妳吵架了。……

小　蘭：（停住，問小順子）真的？

小順子：嗯，喏，我們講和。（伸出小手指與小蘭勾手，小蘭想了一下，也伸出手指，兩人勾手）

△二人勾完手後，就玩起踢毽子的遊戲來，玩了一陣子，小順子不小心將毽子踢進了柴房，小蘭正想進入柴房稻草堆中去撿時，卻發現了稻草堆裡有一個人，她嚇得哇的叫了起來。

小　蘭：啊……小順子，你快來。

△小順子也跟過去。

小順子：小偷！你是不是小偷？

△這時大勇自草堆中坐了起來。

大　勇：小朋友！我不是小偷，我是過路的！

小　蘭：我去告訴奶奶……（掉首而去）奶奶，奶奶……柴房裡有一個人。

△小蘭拉著小順子一塊走了，大勇走出來，不一會兒只見奶奶手拿著一根木棍上場，一見大勇，即上前質問。

奶　奶：你……是那兒來的？快說，不然我就對你不客氣！（將棍子搖晃示威）
大　勇：奶奶，請妳放心，我只是過路的！找不到地方歇腳，借妳柴房睡了一宵。
奶　奶：過路的？你是過路的？（打量大勇）
大　勇：嗯，妳不信，妳可以搜。（舉手任奶奶搜）
奶　奶：（上前搜了一下，未發現什麼）聽你口音，不是本地人，你是打從那兒來的？
大　勇：河北。
奶　奶：噢！你打算到那兒去？
大　勇：青島。那兒，我有叔父在開店，我想去找他幫忙，找活兒幹。
奶　奶：啊……那現在天都亮了，你可以走啦！
大　勇：是的，……我是打算走了，不過……
奶　奶：不過什麼？
大　勇：我想求奶奶，賞我吃一碗飯再走，說實在的，我已有兩天沒吃東西了，肚子實在餓的慌！
奶　奶：兩天沒吃東西？真的？
大　勇：是真的，要不然，我怎麼好意思向妳開口呢！
奶　奶：好吧，小蘭，妳去廚房裡盛一碗臘八粥給他吃，吃完了，你總可以走了吧！

大　勇：謝謝奶奶。

△小蘭及小順子下。

奶　奶：馬上都快過年了，你爲什麼不在家裡躭著，要去青島找你叔父呢？

大　勇：還不是因爲我父親死了，欠了人家的債，在家躭不下去了，才跑出來的！原想沿路找些活幹幹，好做路費，誰知道，到東到西，都碰釘子！

奶　奶：你會幹些什麼活？

大　勇：修理修理房子，補補屋漏什麼的，我都會做！

奶　奶：是嗎？

大　勇：奶奶，妳要是不信，我可以當場做給妳看！櫈子桌子壞了，我也會修。

奶　奶：既然這樣，你就留在我這兒幹幾天活再走，好不好？我那屋子，前幾天下了場雪，直漏水，馬上快過年了，我也正打算請人來修一下呢！你說，你一天要多少錢工錢？

大　勇：隨妳給好了，我不計較這些！

△小蘭端一碗臘八粥上。

小　蘭：奶奶，粥拿來了。

奶　奶：（將粥接過交給大勇）再去拿個饅頭，弄點小菜來！讓他好好吃一頓，吃完了好幹活。

小　蘭：好，我去拿。（又下）

奶　奶：對了，小伙子你叫什麼名字啊！

大　勇：（狼吞虎嚥的吃起粥來）我姓陶，叫大勇，妳叫我大勇好了。

奶　奶：小心，別燙著了。

大　勇：（已燙了嘴）嗚，好燙……

奶　奶：（無心的笑了）……

△暗轉

△堂屋內只有小梅一人在屋內，自一燒著炭火的缸中，取出紅的炭火放入一手爐中去，放好後蓋上蓋子，用手試試熱不熱，這時朱老爹自外進入。

朱老爹：小梅，妳奶奶呢？

小　梅：她在後面，看大勇修竹籬笆呢！

朱老爹：大勇？誰是大勇？是不是前兩天幫妳家修屋漏的那個人。

小　梅：嗯，就是他。

朱老爹。小梅，妳們家又沒有男人，像這樣來路不明的陌生人，妳奶奶居然這麼放心，留他在家裡幹活。

小　梅：那個人，看樣子挺老實的，活又幹得好，要不然，奶奶才不會讓他留下呢！

△朱老爹湊近火缸，去烤火。

朱老爹：噢，這年頭，知人知面不知心，妳們還是小心一點的好，萬一出了漏子，後悔可就晚了！

△小梅倒茶給朱老爹喝。

小　梅：朱老爹，你找奶奶有什麼事嗎？……要不要我去叫她！

朱老爹：我是來聽回音的。小梅，前次我和妳奶奶談的事，妳奶奶沒告訴妳！

小　梅：什麼事？是不是要奶奶去城裡看病開刀的事。

朱老爹：不是，是關於妳的事，妳的終身大事。

小　梅：老爹，不來了，你儘喜歡拿我開心！

朱老爹：這怎麼說是拿妳開心呢！小梅，妳年紀也不小了，女孩子大了，遲早總要出嫁的。

小　梅：我就不出嫁，我要陪我奶奶一輩子。

朱老爹：瞧妳這麼大了，還說傻話。

△這時奶奶自後面走出，小梅將手爐交給奶奶。

小　梅：奶奶，朱老爹來了（說罷即轉身下）

朱老爹：嫂子，妳好。

奶　奶：好……怎麼？……你是不是又來替馬家那大少爺說話來了，……我已經告訴過你，別人家的少爺，我還可以商量，馬家的大少爺，就不用多費口舌了。

朱老爹：嫂子，妳聽我說，小梅今年已經十九了，過了年，也就快廿歲的人了，在李家莊，除了馬家，還能找到更合適的人家嗎？馬家大少爺，雖說生了場病，有點傻裡傻氣的，可是，人卻是挺老實的，小梅要是嫁了過去，絕吃不了苦的！

奶　奶：這些話，你講了又不知多少遍了，難道還沒講夠嗎？我們家小梅，雖說比不上什麼大戶人家的千金小姐，但我總不能讓她去嫁給一個白痴啊！……這件事，要是我答應了，她會恨我一輩子的。

朱老爹：大嫂，俗語說：「女大不中留」留來留去會留出禍來，我看，在妳家幫工的那個年輕小夥子，可能就是衝著小梅來的，妳可真的要小心才是！

奶　奶：啊！你是說這兩天，在我家幫工的那個年輕人是不是？他今天把後院的竹籬笆修好後，我就要他走路的，你放心好了。

朱老爹：啊！那就好，……馬上，就快過年了，晚上門戶還得多小心一些，春生在世的時候，家裡總還可以放心，如今，妳們一家三口，沒有一個男人在家裡撐著，總不是個辦法。大嫂，不是我愛多管閒事，小梅的婚事能早一天定了，我這多年的老鄰居，也好早少就一份心事。

奶　奶：朱老爹，小梅的親事，我會留意的。放心吧！到時候，絕忘不了請你來喝這杯喜酒的！

△小順子自外進入。

小順子：爺爺，馬家的佣人阿狗來了，媽要我來叫爺爺回去！

朱老爹：啊，……大嫂，關於馬家大少爺的事，妳真的就不再考慮了？

奶　奶：還是麻煩你乾脆就回絕了他們吧！免得人家再一趟趟的來跑！

朱老爹：好吧！讓我去回了他。小順子，走，跟爺爺一塊兒回去。

△朱老爹領著小順子走出。

△奶奶獨自一人沉思著。

奶　奶：（ＯＳ）嗯，朱老爹說得也對，我們一家三口，沒有一個男人，在家裡撐著，總不是個辦法，……

△小蘭手裡拿著一個竹製玩具自後走入。

小　蘭：奶奶，奶奶，妳看！（她說著用手一搓，那個像螺旋槳葉子的竹片，自手上飛了上去）好不好玩？

奶　奶：是誰給妳做的？

小　蘭：陶大勇！

奶　奶：他竹籬笆修好了沒有？

小　蘭：快修好了。（又拿竹片，繼續玩著）

奶　奶：（拍拍小蘭身上的灰）瞧妳，一身的灰，這麼大了，還不知道乾淨。

小　蘭：奶奶，陶大勇修好了竹籬笆，是不是就要走了？

奶　奶：嗯，他……趕著要到青島去！

小　蘭：奶奶，要他留下，等過了年再走好不好？

奶　奶：爲什麼？

小　蘭：我要他留下嘛！……他說他會做兔子燈，我要他給我做一個好大好大的兔子燈，到元宵節看燈的時候，我就可以大出風頭了！

奶　奶：兔子燈？他真會做嗎？

小　蘭：嗯，他說什麼荷花燈、飛機燈。……他都會做，……奶奶，妳留他過了年再走，好不好？

奶　奶：（思索）留他過了年再走，他會肯嗎？

小　蘭：他會肯的，我現在就去跟他說。

△小蘭說完就奔出。

奶　奶：（含笑）瞧，這孩子，真是跟她父親一樣，是個急性子。

△燈光照後院有木棍、磨子、枯井等物，小梅一個人在磨磨子，一邊加米進去心中似在想著心事，停下來，臉上綻開了笑容，一會兒又繼續磨起來。

△小蘭自內出。

小　蘭：姐姐，姐姐……

△小梅未有聽見，似仍在想著什麼，手中磨著磨

小　蘭：（走近小梅，大聲）姐姐……

小　梅：（嚇了一跳）瞧妳，嚇了我一大跳！

小　蘭：姐姐，妳累不累？要不要我來幫妳磨？

小　梅：妳呀，還是等著吃現成的吧！

小　蘭：姐姐，你得多磨一點兒！

小　梅：爲什麼？

小　蘭：奶奶已經答應留陶大勇在我們家過了年再走！

小　梅：（情不自禁的高興）真的？妹妹。

小　蘭：當然是真的，誰還會騙妳！

小　梅：啊，那真太好了。

小　蘭：奶奶本來是要他修好竹籬笆就走的，是我要奶奶把他留下的！

小　梅：啊，奶奶這麼聽妳的話？

小　蘭：當然啦！……姐姐，妳也喜歡陶大勇在我們家留下，是不是？……他剛才和我說，要是再下雪的話，他一定堆個雪人給我玩。

小　梅：是嗎？

小　蘭：姐姐，妳讓我來磨，（搶過磨子來磨）我要多磨一點年糕，給他吃個飽！

△小梅任由小蘭起勁的磨著，不一會兒，小順子上。

小順子：小蘭，妳在做什麼，我們去玩家家酒，好不好？小辮子、荷花、小毛，都在等妳去吶。

小　蘭：（停下聽）真的？小順子。

小順子：嗯，妳去不去嘛？

小　蘭：我去。姐姐……等一會兒，我再來幫妳磨！

△小蘭說著和小順子一溜煙走了

小　梅：（叮囑著）別回來太晚了，奶奶等久了，又要爲妳躭心了。

O·S：（小蘭）我知道！

△小梅一人繼續磨著，不久，大勇穿著整齊上，頭也不亂了，與首次出現已判若兩人，他走近小梅。

大　勇：小姐，要不要我來磨？這磨久了，是很吃力的！

小　梅：（見大勇有害羞的感覺）你柴火都劈好了？

大　勇：都好了！

小　梅：你已經夠累了，還是先歇一會兒吧！

大　勇：還好，不太累，來，讓我來。

△小梅不便拒絕，讓大勇接替磨著，大勇的動作極爲熟練，沉默了一會兒。

小　梅：你磨得真快！

大　勇：在我們北方，沒有一個人不會磨磨子的，我們家過去過年的時候，要磨一兩擔米呢！磨子也比這大得多。

小　梅：是嗎？那你家裡，人一定很多啦！

大　勇：嗯，我們是一個大家庭，爺爺、伯伯、叔叔都住在一起！

小　梅：那過年的時候，一定很熱鬧。

大　勇：嗯，大年初一，給爺爺拜年，大家排著隊領壓歲錢，那才熱鬧呢！……對了，過年的時候，奶奶給不給妳壓歲錢？

小　梅：當然給了！

大　勇：妳可真好福氣，……我可就沒人給我壓歲錢了！

小　梅：要是你想要的話，我可以要奶奶也給你一份。

大　勇：那怎麼可以呢？我又不是她的孫女婿！（故意開玩笑）

小　梅：（一聽又氣又好笑，裝生氣的樣子）你說什麼？

大　勇：（以爲小梅真生氣了，急忙賠不是）對不起，我剛才說溜了嘴，不是故意的。

小　梅：光說對不起就成了嗎？你得給我磕頭賠不是才行，要不然，我去告訴奶奶。

大　勇：（爲難地，尷尬）妳要我向妳磕頭，賠不是？

小　梅：嗯！你磕不磕？不磕，算了，我去告訴奶奶，說你欺侮我（欲走）

大　勇：（急拉住小梅手，小梅將之甩掉）好，我磕，我磕，妳別走！

小　梅：嘻，……別磕了，給你說著玩的！

大　勇：啊，說著玩的？……妳可真壞！

小　梅：叫你知道我的厲害，不是好隨隨便便欺侮的。

大　勇：是，以後再也不敢了。

小　梅：這還差不多，……你一個人在這兒磨吧！我去燒飯了！

大　勇：小姐……

小　梅：怎麼？你不想磨了？……還是要我在旁邊陪著你！……我才沒有這份閒工夫呢！

△小梅調皮的說著，說完即溜去，大勇無可奈何的磨著磨子。

大　勇：嘿，可真是個調皮的野ㄚ頭。（暗轉）

△燈光照奶奶在堂屋縫補著棉襖，戴著老花眼鏡，一會兒似感到不舒服，她放下眼鏡，又自己用手捶背，邊喊著小蘭。

奶　奶：小蘭，小蘭……

△小蘭上場。

小　蘭：奶奶，……妳又不舒服啦？
奶　奶：嗯，給奶奶捶捶背！
小　蘭：（爲奶奶捶背）奶奶，要不要我去拿藥來給妳吃？
奶　奶：好吧！
△小蘭急去後房拿一藥瓶出，又倒水給奶奶呑藥。
奶　奶：（吃完藥）唉！奶奶老了，越來越不中用了，小蘭，妳姐姐呢？
小　蘭：在廚房裡！
奶　奶：妳去叫她來，奶奶有話要告訴她。
小　蘭：好，我去叫她。
△小蘭下，稍頃領小梅上，小梅身上繫著圍裙。
小　梅：奶奶，妳找我？
奶　奶：嗯，妳坐下，我有話要告訴妳。
小　梅：是。（靠近奶奶坐下）
奶　奶：小蘭，你去找小順子吧，待會兒再回來。
小　蘭：好！（即下）
△小梅看見藥瓶。

小　梅：奶奶，妳又不舒服啦？

奶　奶：嗯。

小　梅：朱老爹說，只要到城裡醫院去開刀，病很快就會好的，奶奶爲什麼不去試試呢？

奶　奶：我老都老了，何必還要去受這種苦呢？再說開刀，又要花不少的錢……

小　梅：奶奶身體要緊呀！妳爲什麼總捨不得花錢呢？

奶　奶：算了，生死有命，富貴在天。奶奶活了這一大把年紀，早就把什麼都看開了……想來想去，最放心不下的就是妳和小蘭……要是有一天，我真的走了……

小　梅：（難受）奶奶，妳別說這樣的話。

奶　奶：小梅，奶奶老了，遲早總有一天要死的，妳也不用難過，妳爹死的時候總算給妳和小蘭留下了一筆錢，奶奶一個錢也沒有動，都給妳們換了金子，……爲了怕被人偷去，我把它秘密藏在一個地方，誰也不知道，……現在，我想該是要告訴妳知道的時候了……

小　梅：奶奶，妳還好得很，何必急著要告訴我呢！快過年了，過了年，再說吧！

奶　奶：小梅，人老了，今天都不知道明天，要是這件事不讓妳們知道，那我死了也不會瞑目的。告訴妳，小梅，我那些金子，都藏在後院的……

△奶奶正要說出時，朱老爹匆匆上，把話打斷了。

朱老爹：大嫂，妳們家昨天夜裡，有沒有碰到小偷？

奶　奶：小偷？怎麼？你們家給偷啦？

朱老爹：嗯，我們家牆上給賊挖了個大窟窿，我媳婦的那些首飾全給偷走了。

奶　奶：嗄！小偷有沒有給抓到？

朱老爹：我今天出來打聽了一下，偷的還不止我們一家呢？田大娘家也丟了不少錢呢？

奶　奶：是嗎？小梅，妳快到後房去看看，我們家有沒有也給偷了？

△小梅下。

朱老爹：前幾天，我還要妳們小心門戶呢！想不到，我家倒先給偷了！

奶　奶：那你們有沒有去報案呢！

朱老爹：報了，那還有什麼用？鄉公所說，這可能是刀疤老七幹的，臉上有一塊疤，是個有名的慣竊，鄉公所拿他也沒有辦法！

奶　奶：啊！鄉公所居然也沒有辦法對付他，那還得了。

朱老爹：就是說嘛！他在別的縣裡是出了名的，因為抓得緊，才到我們這兒來的！

△小梅上。

小　梅：奶奶，還好，我們家什麼也沒有少。

奶　奶：啊！那真好運氣。

朱老爹：奇怪，小偷居然放過了妳們！
奶　奶：我們家又沒有什麼值錢的東西，他真要來，也沒有什麼好偷的！
朱老爹：大嫂，還是要小心一點的好，說不定過一兩天，他又會來的！
奶　奶：好在有大勇在，我也就放心多了。
朱老爹：大勇？怎麼？那個幫短工的年輕人，還在你們家，沒有走啊？
奶　奶：快過年了，家裡事情也多一些，我留他過了年再走！
朱老爹：這倒也好，……哦，對了，他會修牆補瓦做泥水工嗎？
奶　奶：他木工、泥水工都行的，怎麼？你也想找他？
朱老爹：那小偷把牆挖了個窟窿，我總不能不把它補起來呀，對了，他活幹得怎麼樣？
奶　奶：好得很，人也挺老實的要不然，我才不會留他過了年再走呢！
朱老爹：那，待會兒你要他去我家看一下，好不好？
奶　奶：可以，等他磨好了年糕，我就叫他去！
朱老爹：大嫂，那我走了，再見。
奶　奶：好走，不送。
　△朱老爹走出。
　△奶奶拿起手中縫的棉襖看了看。

奶　奶：小梅，妳去把大勇喊來，看我改的這件棉襖，他穿不穿得上。

小　梅：好，我去喊他。

△小梅下。

奶　奶：(又看棉襖)嗯，我想，他一定能穿，……

△小梅領大勇上。

大　勇：奶奶，是妳喊我！

奶　奶：嗯，把你那件破棉襖脫了吧，換上這件試試看，大小合不合身？

大　勇：奶奶，這是……給我穿的？

奶　奶：嗯，是小梅他爹的衣服，我想，大小差不多，你能穿！

△大勇接過衣「脫下身上的破棉襖後穿上，極合身，身子轉了一下。

小　梅：不大也不小，完全正好！

奶　奶：大勇，你轉個身讓我看看。(大勇轉身後)嗯，正合適，大勇，你就穿著吧！暖和不暖和？

大　勇：太暖和了，真謝謝奶奶。

奶　奶：不用謝，待會兒，你到隔壁朱老爹家去一趟，他們家昨天給小偷偷了，要請你去把牆補一補呢！

大　勇：他們家給小偷偷了？

△配強烈音效

奶　奶：嗯，昨晚上，好幾家都給偷了呢！這幾天晚上，你睡在柴房，也給我留神一下，說不定也會來我們家偷的。

大　勇：噢！

奶　奶：聽說，那小偷叫什麼刀疤老七，是出了名的，我們真該特別小心才是！

大　勇：（一怔）刀疤老七？

奶　奶：怎麼！你聽說過這名字？

大　勇：沒聽說過……

奶　奶：唉！真是的，什麼事不好做，偏偏要去做小偷！

△大勇發楞，爲小梅所發覺。

小　梅：大勇，你怎麼啦？

大　勇：啊……噢，我馬上就到朱家去看一看。

△大勇慌張的走出。

△暗轉

△深夜，四周靜稍稍的，突有一修黑影子越牆而入，他走進柴房，大勇睡在稻草堆裡，

身上蓋著那件較新的棉襖，老七搖搖大勇。

老　七：大勇，醒醒！

△大勇驚醒揉睡眼，見老七坐起。

大　勇：師父，是你。

老　七：嗯，是我……你是不是把我給忘了？事情進行得怎麼樣了？

大　勇：還沒有……

老　七：你在這兒躭了十幾天啦，那老太太的金子藏在什麼地方，你還是不知道？

大　勇：（靦腆地）嗯。……

老　七：那你在這兒幹什麼啦？整天吃飯睡覺是不是？

大　勇：我曾經想法子探聽過，可是，那老奶奶厲害的很，半點口風都不露……

老　七：你不會向兩個小的下手嗎？

大　勇：她們自己也不知道！

老　七：這麼說，那我們乾脆就甭想了，是不是？大勇，他家藏了二百兩金子，不是個小數目！有了這筆錢，就算我們對分吧，你也可以好好用上一陣子了，怎麼？你答應我的話，忘了是不是？

大　勇：師父，我沒有忘，實在是我好不容易才和他們混熟，總不能天天盯著他們問，金子藏在什麼地方啊！

老　七：好吧！我再等你一個星期，怎麼樣？這期限，不算短吧？……

大　勇：再等一星期？

老　七：嗯，我打算等這筆錢到手就去上海過年呢！這該沒問題吧？

大　勇：好，我決定到時候把金子弄到手，不過師父您答應我的話也得算數，這是我幫你幹活最後的一次，這以後，我是決心洗手不幹了……

老　七：師父答應你的話，絕對算話，你儘管放心好了，（小聲）噓！好像有人來了！……

△老七躲進牆角，大勇也倒下裝睡，一會兒小梅匆匆上。

小　梅：大勇，大勇……

大　勇：（裝著才醒）小梅，發生了什麼事？

小　梅：奶奶的老毛病又發了，快，快去請醫生來給她打針。

大　勇：（披上棉襖）好，我馬上去請醫生，小梅，奶奶要不要緊？

小　梅：你快去吧！找王大夫來！

大　勇：（穿鞋）好，我馬上就去。

△大勇及小梅走下，燈光照牆角躲著的老七。

△幕急落下

第二幕

時：第二天

人：小蘭、大勇、小順子、小梅、刀疤老七、奶奶

景：堂屋

△幕啓時。

△小蘭坐在一旁看大勇將玩具鴨，用釘鍾將它他釘好，再將一個掉了的輪子裝上，前面繫上一根繩子。

大　勇：小蘭，修好了，妳拉著試試看。

小　蘭：陶大勇，你真好……

大　勇：以後玩的時候，可要小心了，再弄壞的話，我就不給妳修了。

△小蘭牽著玩具鴨在屋內走著，頗爲得意，小順子手裡拿著一瓶藥酒，自外進入。

小順子：小蘭，妳奶奶的病，好了沒有？

小　蘭：快好了……小順子，你看，陶大勇把我的鴨子又修好了。

小順子：小蘭，這藥酒是我爺爺叫我拿來，給妳奶奶吃的，他說，吃了，病會好得快些。

小　蘭：好，我去拿給奶奶。

△小蘭拿藥酒向內入。

小順子：陶大勇，你也給我做一個兔子燈，好不好？要和小蘭的一樣大。

大　勇：好，等過了年，我一定也給你做一個，好讓你元宵節玩，你爺爺呢？

小順子：他買東西去了！

大　勇：小偷偷去的東西，找回來了沒有？

小順子：沒有。

△小順子也牽著玩具鴨在玩，一會兒小蘭出。

小順子：小蘭，把這玩具鴨拿到我們家去玩，好不好？

小　蘭：好！……我奶奶特別要我去謝謝你家爺爺呢！

小順子：好，那我們走吧！

△小蘭、小順子二人帶著玩具鴨一塊下。

△大勇望著二人離去，一邊收拾釘錘等物，一邊似心事重重，一會兒，小梅手裡拿著一碗年糕自內出，大勇似未發覺。

小　梅：大勇……

△大勇仍在發楞，未聽見

小　梅：（大聲）大勇，你怎麼了？喊你都不回應！

大　勇：（驚醒）啊……對不起，有什麼事要我做嗎？

小　梅：當然有事啦！

大　勇：是不是奶奶找我？

小　梅：不，是我找你，這碗年糕，是我特意做給你吃的，你得給我吃下去！

大　勇：這麼一大碗，我怎麼吃得下？

△小梅將碗交給大勇。

小　梅：吃不下，也得吃，不然，就是瞧不起我！

大　勇：好，我吃！我吃！

△大勇吃年糕，太急了，燙了嘴。

大　勇：啊？好燙！

小　梅：誰叫你吃得這麼快呢？這麼樣？味道好不好？

大　勇：（無可奈何）好，好吃極了。

小　梅：這還差不多！

△大勇繼續吃著，過了一會兒，小梅發問。

小　梅：大勇，你剛才一個人在這兒發楞，是不是在想心事？

大　勇：心事？妳怎麼知道我有心事？

小　梅：這兩天，我看你的神色，和以前不一樣。告訴我，是爲了什麼？

大　勇：我……我想明天就離開這兒！

△沉思了一下，才說。

小　梅：什麼？你要走！

大　勇：嗯！我在妳們家躭了十幾天了，我該走了。

小　梅：你不是答應奶奶，在我們家過了年再走的嗎？怎麼忽然又變卦了呢？……不！我不讓你走！

大　勇：小梅，說實在的，我也不想離開此地，可是，妳不知道，有一個人，在逼著我非走不可！

小　梅：誰？誰敢逼你走？……是奶奶？……還是小蘭？……不！她們都不會逼你走的，小蘭在你修竹籬笆的那一天起，就要奶奶留下你過了年再走。奶奶這一次發病，要不是你半夜裡去把王大夫找來，也許早就危險了，我不相信她會逼你走！

大　勇：小梅，我知道妳們都對我很好，可是，我有不得不走的苦衷。

小　梅：苦衷？……大勇，能不能告訴我，你真有困難的話，我一定盡力來幫助你！

大　勇：小梅，我感謝妳對我的好意，可是，妳對我越好，我內心越感到痛苦。

小　梅：爲什麼？

大　勇：因爲，我並不是像妳想像中的那樣好，我以前和妳說的那些，並不都是真的……我……

小　梅：我真不知該怎麼向妳解釋才好？（痛苦萬分）

大　勇：從前……（回憶往事，自言自語）我們也是河北的大富人家，父親當過一任縣長，我母親是當地的才女，我十二歲就進入中學唸書。

小　梅：你也唸過書？

大　勇：（點頭）可是我十三歲那年，蘆溝橋事變發生了，我們家被砲火毀了，我一個人逃了出來，從那以後我就跟著一個人在外面東飄西蕩。

小　梅：那個人是誰？

大　勇：他也是無家可歸的人，可是他收留了我，願意帶著我四處流浪！

小　梅：他待你好不好？

大　勇：我跟著他……從來就沒有享受過一些人與人之間的溫暖，在這世界上，我總覺得自己像是個沒人管的野狗一樣……自從到了你家，我才真正覺得這世界的可愛，這是我長大以來，第一次嚐受到過年的滋味。可是……

小　梅：可是什麼？……大勇，你說呀！

大　勇：小梅，……妳真的不願意我走嗎？

△大勇無法說下去，乃反問小梅。

小　梅：當然是真的！

大　勇：要是有一天，有一個人來逼著向我討債的時候，妳肯不肯代我騙他說，我已經走了，再也不回來了……

小　梅：大勇，原來你是爲了逃債，才要走的？不要緊，你欠了人多少錢的債，告訴我，只要你肯留下，我想奶奶會肯借你錢還清那筆欠債的。

大　勇：是嗎？奶奶會肯嗎？

小　梅：會肯的，大勇，答應我，再也不要離開這兒，就是過了年，也不要走，好不好？

大　勇：小梅，我又何嘗願意離開此地呢！從我幫妳磨年糕那天起，我就不想離開妳了……難道……妳還沒看出來嗎？

小　梅：我不來了……你……又故意拿我開心。

△小梅又高興又含羞的離去。

大　勇：小梅，小梅……（追出）（暗轉）

△燈光亮時照後院在一根竹竿上，大勇和小梅將醃的鹹魚、鹹肉、香腸等物掛上去曬。

大　勇：小梅，妳們家每年都醃這麼多肉和魚嗎？

小　梅：過去，爹在的時候，醃的還要多呢！

大　勇：在你們家過年，可真好！

小　梅：大勇，你去年在那兒過的年？

大　勇：去年？……我都想不起來了，就好像沒過過年一樣！

小　梅：你不是說，一大家子人排著隊向你爺爺拜年領壓歲錢嗎？

大　勇：那是我小的時候！要不是我家遭劫，父母還健在的話，我今天也不會在妳們家過年了。

小　梅：大勇，你真可憐！

小　蘭：（上）姐姐，奶奶叫妳！

小　梅：噢，我來了！（小梅與小蘭同下）

△大勇繼續整理掛在竹竿上的香腸，突然老七在背後出現。

老　七：大勇，怎麼樣？東西到手了吧？

大　勇：（回首一驚）師父？你來啦！

老　七：一個星期到了，你忘了？快拿給我！

大　勇：我……我……

老　七：怎麼？還沒動手？

大　勇：師父，我不打算偷了！

老　七：爲什麼？

大　勇：她們都待我那麼好，我不忍心使她們對我失望。

老　七：啊！你答應師父好好的，怎麼又反悔拉？不成，你非得把這件事辦成不可，我就等著它過年吶！

大　勇：師父，爲什麼要這樣逼我呢？我求你，你就饒了我吧，我會感激你一輩子的。

老　七：別跟你師父來這一手，我不吃這一套！怎麼？你不肯動手？那告訴我老奶奶的金子藏的地方，我自己來也成！說呀，那老太婆究竟把金子藏在什麼地方？

大　勇：（轉爲強硬）我不知道！

老　七：好呀！我看你是給那小妞給迷住了，是不是？你要真的下不了手的話，我也有辦法對付你，我把你的底細向她們一掀，看你還能在這兒混下去不？

大　勇：師父，你……

老　七：怎麼？

大　勇：你絕不能這樣做！

老　七：（大聲）我就偏要這樣做」！

△大勇和老七二人爭吵起來，聞聲自內出。

奶　奶：大勇，你在和誰吵架？

大　勇：奶奶……（一時支吾，不知如何說才好）

奶　奶：（見老七面目可憎，上前問）你是誰？你找他有什麼事？

老　七：（隨機應變）我……我是來要債的，快過年了，他欠了我的錢，不想還！

奶　奶：大勇，是真的嗎？你欠了他多少錢？

老　七：他……他……欠我十兩金子，我要他還我金子！

△老七趁奶奶不注意時，向大勇示眼色。

奶　奶：十兩金子？大勇，是嗎？

大　勇：（無可奈何）是的！

奶　奶：（考慮了半晌）十兩金子，由我代他還你，總可以了吧？現在我手邊沒有，明天中午，你來拿，成不成？

老　七：只要還我金子，還有什麼不成的……那明天中午，我親自來拿！

△老七下。

奶　奶：嗄，別忘了把借據帶來啊！

大　勇：奶奶……（又感激，又慚愧）

奶　奶：大勇，別過意不去，上次你救了我的命，我也應該謝謝你才對呀！

大　勇：謝謝奶奶！（感動流淚）

奶　奶：大勇，怎麼啦？一個大男人，還掉眼淚，給小蘭看見，要笑你啦！

△奶奶親切的安慰大勇。暗轉。

△燈光漸暗到了深夜，在那口井上有一井蓋，不久，奶奶提一燈籠帶領拿了鏟子的小梅上，走到井的旁邊停住，把井蓋打開。

SE：呼呼的北風。

小　梅：奶奶，妳的金子，就藏在井底下？

奶　奶：（以手阻止）噓，小聲說話，這井枯了，沒有水，也不太深，妳下去，靠右邊挖，不多深就可看到一鐵箱子，知道嗎？

小　梅：知道了，奶奶。

奶　奶：（自腰中取出一鑰匙）喏，這是開鐵箱的鑰匙，箱子裡有二十根金條，妳只要拿一根金條出來，就成了，（用手比著）這樣大小的一根，知道嗎？

小　梅：這麼一根就是十兩？

奶　奶：嗯，拿出來後，把箱子鎖好，放回原地方，再上來，知道不知道？

小　梅：好。

△小梅帶繩子爬下井去，奶奶提燈籠在上面照著。

△（不久自井中傳出鏟土聲）

奶　奶：（向井口）看不看得見？看不見就點蠟燭。

OS：（小梅迴聲）看得見。（迴音）

△燈光至短牆外，大勇在偷看著。

△稍頃，小梅已從井中爬出，拿一根金子給奶奶。

小　梅：奶奶是不是這樣大的（將金子給奶奶）

奶　奶：對了……那些土又還原了沒有？

小　梅：還原了。

奶　奶：那我們走吧！

小　梅：好。

△大勇急溜去。

△奶奶又回頭來檢查，看地上有無痕跡留下，用燈籠照了一下，才與小梅離去

△燈光至牆外另一角落，老七高興的在點著頭。（暗轉）

△白天在堂屋內奶奶手拿著暖爐，在問著大勇。

奶　奶：大勇，你怎麼會欠那個人十兩金子的呢？

大　勇：那……那是我父親欠他的債，想不到父親死後，他就找我來要。

奶　奶：啊……原來是這樣的，大勇，以後再也別欠人債了，欠了債，有時候永遠也還不清的。

大　勇：是的，奶奶。

△老七上。

老　七：老奶奶，現在可以還我金子了吧！

奶　奶：你倒真準時啊！……（自懷中掏出手巾包，打開，拿金條給老七）喏，這是十足的足赤金子，不信，你可以到銀樓裡去問！

老　七：（看金條）嗯！不錯。（取出借據）喏，借據給妳。

奶　奶：（取過借據看了一下）大勇，借據我替你撕了，你也不必記在心上了（撕借據）

老　七：奶奶，那我走了。

奶　奶：好，你走吧！

△老七正打算下，與朱老爹撞個滿懷，朱老爹注視老七，看見了那刀疤。

朱老爹：咦，你這個人怎麼走路，一點也不小心？

老　七：對不起，對不起。

△老七見朱老爹注意自己，急溜下。

朱老爹：奇怪，……嫂子，這人是幹什麼的？走起路來慌慌張張，臉上又有個刀疤，……他來做什麼？

奶　奶：是來討債的！

朱老爹：討債？妳欠他的債？

奶　奶：是大勇欠他的。

朱老爹：大勇，你怎麼認識他的？看樣子，這個人好像來路不正，尤其是臉上那個疤？不會是刀疤老七吧！

奶　奶：朱老哥，你也未免太神經過敏了。

朱老爹：不，這年頭，還是小心一點的好！……對了，妳們家的磨子不用了，借我去磨兩天，成不成？

奶　奶：行。

△小順子上。

朱老爹：小順子，幫我去拿磨子去。

小順子：是，爺爺。

奶　奶：大勇，你去拿給他。上次你送藥酒來，我還沒謝你呢！

△大勇下。

朱老爹：老鄰居，還談這些幹嘛？嫂子，妳身體全好了嗎？

奶　奶：好了，謝謝你。

朱老爹：還是多小心保養，我去拿磨子了，再見。

奶　奶：是的，再見。

△朱老爹下。

△燈光暗轉

SE：（北風呼號著）

△四周是漆黑的，一個黑影來到井邊，他就是大勇，打算爬下去，卻又躊躇著。

△老七的聲音。

OS：（老七）大勇，二百兩金子，不是個小數目，有了這筆錢，就算我們對分吧！你也可以好好的用上一陣子了。

OS：（大勇）不，……她們待我那麼好，我不能使她們對我失望！

OS：（老七）你答應得好好的，怎麼又後悔啦！不成，你非得把這件事辦成不行，我就等著它過年呢！

△大勇鼓起勇氣，捲起腳管，欲爬入，忽又停住

△疊印小梅面孔。

OS：（小梅）大勇，你真有困難的話，能不能告訴我……我一定盡力來幫助你，……啊，原來，你是爲了逃債才要走的，不要緊，你欠了多少錢的債？告訴我，只要你肯留下，奶奶會肯代你還清這筆欠債的。

OS：（大勇）小梅，我並不是像妳想像中的那樣的好……我真不知該怎麼向妳解釋才好，……

△疊印奶奶的面孔。

OS：（奶奶）大勇，以後再也別欠人債了，欠了債，有時候，永遠也還不清的！

△大勇打算離開井，走了兩步又停住。

△（北風加強）

△（雪花飛舞）

△（遠處有犬吠聲）

△大勇矛盾的臉，配上音效；雪花飄上他的臉。

大　勇：啊！下雪了……我該怎麼辦呢？……我不能做違背良心的事！

△（雪加大）

△在雪地裡，大勇打開井上的蓋子又蓋上。

△（北風更強……）

△幕徐徐下

第三幕

時：第二天

人：奶奶、小梅

景：奶奶臥室、客棧

△幕啓時，老奶奶站在窗前欣賞下雪，不久小梅自外進入，奶奶手裡拿著手暖爐。

小　梅：奶奶，今天雪是停了，可比昨天還冷，妳手爐裡要不要加些炭火？火快熄了吧？

奶　奶：還好，……不用了。

△小梅打算出去

奶　奶：（將小梅喊住）小梅，大勇一大早就出去了，說是去看一個朋友，提前陪他過小年，要吃了晚飯才回來。可能待會兒還會下雪，他出去的時候，帶傘了沒有？

小　梅：他走的時候沒有看見我，我不知道他帶傘了沒有？

奶　奶：要是沒有帶傘，可糟了。

小　梅：奶奶，妳不用爲他擔心，他會回來的！

奶　奶：不爲別的，我還等他回來四處打掃打掃，過個乾淨年呢？這幾間屋子，再不打掃，也髒得實在說不過去了。

小　梅：奶奶，離過年還有好幾天呢！年前他一定會給妳弄得乾乾淨淨，妳放心好了。

奶　奶：小梅，妳現在沒有什麼事要忙吧！趁妳閒著，奶奶正有話想和妳好好的談一談！

△小梅不知奶奶要談的是什麼，走近奶奶

小　梅：奶奶，妳要和我談什麼？

奶　奶：妳……年紀也不小了，過了年又長了一歲，前幾天，奶奶把藏的金子拿出來給大勇還了那筆欠債，妳知道，奶奶爲什麼要這樣做嗎？

小　梅：那是奶奶的好心……

奶　奶：小梅，陶大勇這個人，妳覺得怎麼樣？

△小梅聽出奶奶心意，害羞，低著頭走開

小　梅：我……不知道（走開）

奶　奶：（喊住小梅）小梅，別走，在奶奶面前，還有什麼好害羞的呢？妳要是心裡喜歡他，妳告訴奶奶，奶奶決不會笑妳的！

小　梅：我……我……（欲言又止）

奶　奶：喜歡，是不是？……傻ㄚ頭，這兒又沒有第二個人，妳還害羞什麼呢？……其實，妳不說，奶奶也早就看出來了。

小　梅：（更害羞）奶奶……（一頭鑽進奶奶的懷裡，說不出半句話來）

奶　奶：男大當婚，女大當嫁，妳用不著害臊，大勇這孩子，過去的情形，雖說我還不太清楚，但就他躭在我們家這些天來說，我覺得……和妳倒是挺相配的……就是不知道他肯不肯入贅到我們家來？

小　梅：（抬起頭來）奶奶，妳要他「入贅」？

奶　奶：怎麼？妳不贊成是不是？我們家，就妳和小蘭兩個女孩子，這妳又不是不知道，要是嫁了出去，將來，誰來給我墳上燒紙啊！

小　梅：奶奶，我知道妳的意思……可是要是大勇他不肯入贅呢？……

奶　奶：這就靠妳……把他說服呀，我想，只要妳肯和他去說，他不會不肯的，奶奶這幾天看得很清楚，只要是妳說的，他沒有一樁不是依順你的。

小　梅：奶奶，妳好壞……（又嬌又嗔）

奶　奶：快過年了，不准說不吉利的話，瞧妳又忘記了，……過了年，奶奶就等著喝這杯喜酒呢！（高興的笑著）

△奶奶正笑著，朱老爹自外進入。小順子將石磨搬進來。

朱老爹：嫂子，大勇不在家？到那兒去了？

奶　奶：他說去鎮上看一個朋友去了，怎麼？你找他有什麼事嗎？

朱老爹：沒有什麼！我把磨子還來了，擱在堂屋裡，剛才聽妳在說，過了年，等著喝這杯喜酒，是誰的喜酒啊？

小順子：爺爺我去找小蘭玩。

朱老爹：好，你去玩吧！

△小順子出。

奶　奶：（笑）是我們家梅ㄚ頭。

朱老爹：是嗎？（向小梅）小梅，這可真要向妳恭喜了。（又轉向奶奶）大嫂子，新郎官是誰啊？是胡家的二少爺？還是周家的老三？

奶　奶：都不是的，就是你剛才問起的大勇！

朱老爹：（驚）大勇？

奶　奶：嗯……你覺得他怎麼樣？

朱老爹：大勇，人是挺不錯的，也能幹活……不過……

奶　奶：不過什麼？

朱老爹：我總覺得他有點來路不明，妳若打算把小梅嫁給他，還真得好好的打聽清楚了他的底細再說。

奶　奶：我想他不會是個壞人，我看得出來。

朱老爹：大嫂，婚姻大事可不是開玩笑的。妳還是慎重一點的好。

奶　奶：我知道，你還是希望我們家小梅嫁給馬家的大少爺，是不是？……無論從那一方面來說，大勇總要比那白痴強得多了。

朱老爹：大嫂，妳可真完全誤會我的好意了，馬家的事，我早就忘得一乾二淨了，怎麼妳倒還記得吶！我是覺得大勇是個陌生人，來路不明，總得打聽清楚了他的底細，再談婚事比較妥當些，要不然，上了當，再後悔可就晚了。

奶　奶：嗯，這句話，我倒還聽得進，好在，我也是打算過了年再辦喜事。

朱老爹：對了，這還差不多！（看窗外下雪）又快下雪了，我得與小順子回去了，大嫂，再見。小順子，回家了！

△小順子出。

奶　奶：好走，不送！

△奶奶送朱老爹及小順子二人出，窗外開始雪花飛著。

SE：（遠處傳來鞭炮聲）

△小蘭手裡拿著一支香，想去點地上爆竹，可是又有些害怕，把耳朵摀著，頗爲滑稽。

△這時小順子手裡拿著一面小鑼，自外進入，他見小蘭在顫巍巍去點爆竹的時候，趁她不備，「鐺」的敲了一聲鑼，把小蘭嚇得直哭，小順子急上前道歉。

小　蘭：哇……

小順子：小蘭，別哭！我不是故意的。

小　蘭：（搖首不理，繼續哭著）哇……

小順子：（放下小鑼）妳怕是不是？喏！我來點給妳看！

△小順子自小蘭手中取過香去點爆竹，小蘭把耳摀起，注意看著，小順子過去點爆竹，小蘭這才破涕爲笑。

SE：(爆竹響了)

小順子：小蘭，我們出去玩，好不好？

小　蘭：(又裝生氣)我不去！

小順子：外面下了很厚的雪，我們出去打雪仗、堆雪人，好玩吶！

小　蘭：打雪仗？

小順子：嗯，小狗子、劉大頭、小毛他們都在，妳去的話，我們站在一邊，我幫妳做雪球，好不好？

小　蘭：好，那我去。

△小蘭與小順子正準備出去，奶奶上前將小蘭叫住，奶奶手裡拿一雙新棉鞋

奶奶：小蘭，妳要到那兒去？

小　蘭：去打雪仗、堆雪人！

奶　奶：什麼？打雪仗？妳不怕冷啊？

小　蘭：我不冷！

奶　奶：不冷也不准出去，在家玩不是一樣嗎？

小　蘭：(看見奶奶手中的新鞋，忘了不快)奶奶，這新鞋子，是給我的？

奶　奶：對了，來，先穿穿試試看，……這是準備過年那天給妳穿的。

小　蘭：奶奶真好！

△小蘭自奶奶手中接過鞋來穿。

小順子：啊，好漂亮喲！

奶　奶：小蘭，過了年，妳又長了一歲了，可再也不能像以前那樣頑皮了，知道嗎？

小　蘭：知道！

奶　奶：好，把鞋脫下來，別穿髒了，吃完年夜飯，才穿新鞋。

小　蘭：是，奶奶。（將新鞋脫下，還給奶奶）

奶　奶：（自語）奇怪，雪都早已經停了，大勇怎麼還不回來呢？

小　蘭：奶奶。

奶　奶：嗯！

小　蘭：（很可愛的）今年妳給我多少壓歲錢？

奶　奶：還沒吃年夜飯呢，妳急什麼？

小　蘭：奶奶，妳先告訴我嘛？

奶　奶：只要妳從現在起，不說一句不吉利的說，奶奶給妳的壓歲錢，一定比去年多。

小　蘭：真的？

奶　奶：當然是真的，奶奶幾時騙過妳？

小　蘭：啊，那我真高興死了。

奶　奶：！才講不要說不吉利的話，話還沒說完，妳就忘了。

小　蘭：（懊悔）啊呀！真倒霉！

奶　奶：喏……還要講，再講奶奶可不再給妳了。

小　蘭：啊呀！真氣……氣……（想說，又立刻用手捂住嘴）

奶　奶：好吧！妳和小順子出去玩吧！這該高興了吧！早一點回來，待會兒，還要送灶王爺吶。

小　蘭：奶奶，那祭灶的糖元寶留給我！

奶　奶：放心，沒有人會和妳搶的！

小　蘭：小順子，我們走吧！

△小蘭拉著小順子一塊兒出大門去，小順子出門後叫著。

ＯＳ：（小順子）小毛、劉大頭，小蘭來了……（接著就是敲鑼聲）

奶　奶：（感慨）唉！過年，就是孩子們最高興！

△這時小梅突自後面慌慌張張的上。

小　梅：奶奶，奶奶……不好了。

ＳＥ：緊張音效升起。

奶　奶：小梅，發生了什麼事？這麼慌慌張張的？

小　梅：奶奶，井底下的金子……

奶　奶：金子怎麼樣？

小　梅：金子給人偷走了！

奶　奶：偷走了？……這怎麼會呐了。

小　梅：剛才我在院子裡掃雪的時候，在牆腳下看到那隻鐵箱子，鎖都給打開了，裡面什麼都沒有了。

奶　奶：（焦急）是嗎？小梅……快帶我去看？

△小梅領著奶奶向院中走去。

△燈光打在後院，院中尚留有一些雪的殘跡，有些地方的雪已掃成一堆，小梅領著奶奶去看地上一隻空了的鐵箱子。

小　梅：奶奶，喏，您看，這箱子，還是我剛才掃雪時，在牆腳邊看到的。

奶　奶：（痛苦萬分）啊！天吶！難道金子真給小偷偷了？這……這……（昏了過去）

△小梅見奶奶昏去，發急。

小　梅：奶奶，奶奶，妳怎麼啦！

△小梅即取雪冰在奶奶額頭，奶奶慢慢甦醒。

奶　奶：（痛哭）嗚……小梅……沒了金子怎麼辦呢？

小　梅：要不要我去找朱老爹來？

奶　奶：找誰來都沒有用啦！……小梅，那些金子一定給小偷偷走了，……沒有這些金子，我們還過什麼年吶，啊……（又抽泣起來）

小　梅：（安慰）奶奶，我們回堂屋去再說吧！

奶　奶：（突想起）小梅……妳說，這金子會不會是大勇偷的？

小　梅：大勇偷的？不會的。

奶　奶：不會？不會，他怎麼會早晨走了，到現在還不回來？

小　梅：他不是說去看一個朋友的嗎？

奶　奶：哼，一定是他偷走的！早不去，遲不去，偏偏今天要走，給我去找朱老爹來，我要去派出所報案！

小　梅：奶奶，我想不會是大勇，我們待他這麼好，他怎麼會做出這樣的事來呢！

奶　奶：我越想越是他，真想不到，我真看錯了人，看走了眼，上了他的當。說不定，他上我們家來，早就沒安了什麼好心……他是一個賊。

小　梅：（也迷惑起來）是嗎？難道他是存心來偷我們家金子的？他怎麼知道我們金子藏在井底下呢？

奶　奶：那天來找他要債的，說不定就是他的同黨，假意逼他還金子，來試探我們金子藏的地方，……唉！真想不到我好心，反而得不到好報……人心這麼可怕？

小　梅：奶奶，我想也許不是大勇偷的，雖然我們認識他沒多久，但我總覺得他不像是個小偷！

奶　奶：妳呀，妳是給他迷了心。還說不是他？難道說，是我金子長了翅膀自己飛走的？不管怎麼說，我一定要報案……這些金子是妳們今後的活命錢，我絕不能饒了他……

△奶奶站起向前面走出去，小梅獨自思索，表情矛盾迷惘。

小　梅：（自語）大勇是個賊，金子真會是他偷的嗎？

△燈光暗轉

△奶奶躺靠在堂屋椅上，小蘭爲她捶背，朱老爹坐一邊。

朱老爹：唉！真是世風日下，人心不古，一個年紀輕輕的小夥子，什麼事不好做，偏偏要去做小偷。

奶　奶：我真是做夢也不會想到，他到我們家來，是存心來偷我金子的……都怪我自己不好，還留他在家過了年才走呢！要是當初，不給他還那筆欠債也好啊……，居然他會這樣報答我！

朱老爹：嫂子，妳也太相信別人了，要不是發生這件事，妳還打算過了年，把小梅嫁給他呢？

奶　奶：唉！我真是瞎了眼，錯看了人。

小　蘭：奶奶，也許這不是陶大勇偷的。

奶　奶：怎麼？妳也跟妳姐姐一樣說不是大勇偷的，不是他偷，難道還是妳姐姐偷的不成！

小　蘭：我看他今天走的時候，手裡什麼東西也沒有拿嘛！

朱老爹：傻孩子，小偷偷了錢，還一定要拿在手上，給妳看到啊！

小　蘭：真要是他偷的，爲什麼要把鐵箱子丟在地上呢？那樣，不是很快我們就會知道嗎？

奶　奶：妳倒是想得周到，只要金子到了他的手，他還怕我們知道！

△小梅這時手裡拿了些紙幣，自外入。

小　梅：奶奶，金子一定不是大勇偷的。

奶　奶：哦……妳有什麼證據？

小　梅：（拿紙幣給奶奶）喏，奶奶，妳看妳給他的工錢，他還放在枕頭底下，沒有帶走呢？

奶　奶：唉，妳們兩個傻孩子……他有了二百兩金子，他還會希罕這幾個工錢？

小　梅：奶奶，我想大勇一定會回來的，金子是別人偷的，您別冤枉他。

奶　奶：小梅，我知道妳喜歡他，可是，這沒有用的，這金子果真不是他偷的，他爲什麼出去了這麼久，到現在還不回來呢？

小　蘭：他是答應我去給我買大爆竹去的，大概買來買去都買不到，所以還不回來。

朱老爹：大嫂，我可想起來了，那天來向大勇討債的那個人，臉上是不是有塊疤？

奶　奶：是有個疤，這我記得很清楚！

朱老爹：說不定，那個人真就是刀疤老七！

奶　奶：刀疤老七？

朱老爹：妳還說我是神經過敏吶，我一看那人就覺得靠不住，說不定大勇就是他的同黨！

奶　奶：嗯……故意要大勇裝欠他十兩金子，其實是來投石問路的。

朱老爹：唉！嫂子，妳真中了他們的圈套。

奶　奶：（越想越傷心，哭了起來）……唉……沒有了金子，這往後的日子還怎麼過呢？朱老爹，我真不想活了（頓足）……

小　蘭：奶奶不是說，快過年了，不准說不吉利的話嗎……奶奶，您別哭，陶大勇會回來的。

小　梅：奶奶……奶奶！……

△奶奶越哭越厲害，突然又發病，昏了過去，朱老爹及小梅均慌了手腳。

朱老爹：小梅，妳好好看著奶奶，奶奶又犯病了，我去給她找大夫去……

△朱老爹下

小　梅：謝謝您，朱老爹。

△小梅、小蘭二人搖著奶奶。

小　蘭：奶奶……奶奶。……

△暗轉

SE：（遠處有鞭炮聲）

SE：（鑼鼓聲）

△深夜了，燈光照在小客棧中，桌子上杯盤狼藉的情景，有好幾個空酒瓶放著，顯示已喝了不少酒，老七已有醉意。

老　七：大勇來，再陪你師父乾一杯！

大　勇：師父，你已經喝了不少酒了，再喝，可要醉了。

老　七：不，今兒咱倆過小年，醉不醉都沒有關係。來，大勇，乾！（說完舉杯一乾而淨）

大　勇：（用手阻止老七再倒酒）師父，時間已經很晚了，我想回去了。

老　七：回去？回那兒去？

大　勇：老奶奶家。

老　七：不是你自已說的嗎？你不忍心下她們的手，偷她們的金子，既然你不打算偷了，你還要回去幹什麼？真打算跟師父分手了？

大　勇：師父，我出來的時候，跟她們說好，一會兒就回去的，現在天都黑了！

老　七：天黑怕什麼？時間還早得很呢！來，再吃點菜，我們好好的來過個小年夜。

△老七吃菜，又再倒酒。

大　勇：（舉筷吃了口菜）師父，我已經吃得很飽了，我真的該回去了。（起立欲告辭）

老　七：大勇，你真的喜歡上那家的大姑娘啦？……左一個回去，右一個回去的，告訴我，既然你不再想偷她們家的金子，那你也就甭想再回去了。

大　勇：師父！

老　七：怎麼？你還是想回去？把我師父丟在這兒不管了，是不是？

△大勇只得重又坐下，不知該說什麼好

老　七：師父年紀大了，這十幾年，就收你這麼一個徒弟，雖說沒留給你什麼財產，但本事總教了你不少；如今，眼看著快不中用了，就想靠你來養活我了，你竟然想把我給丟下不管了？

大　勇：師父，我知道你辛辛苦苦把我扶養長大，這份恩情，我絕不會忘記……

老　七：既然這樣，那你爲什麼一定要走呢？我曾經答應過你，只要你能把那二百兩金子拿來給我作養老金，過了年，就你走你的陽關道，我過我的獨木橋，師父絕不再爲難你……現在，你金子不忍心去拿，卻要想跟我一刀兩斷，你說，這我能同意嗎？

大　勇：師父，你年紀並不大，再收個把徒弟，還不是一樣的嗎？何必一定要拉住我呢！

老　七：再收個把徒弟？你說得倒輕鬆，能學到你那幾手，就不是十天半個月可以教得會的．既然你不想要那老奶奶的金子，師父就打算把你帶到青島，好好的幹他一票，等有了錢，咱們再洗手，你看怎麼樣？

大　勇：師父，我不想離開這兒！

老　七：怎麼？大勇，你真的離不開李家那大姑娘啦？（拍其背）傻小子，青島那邊漂亮的妞兒多的是，你有了錢，還怕找不到老婆？哈……哈……來，乾杯！

大　勇：（從乾杯中找到靈感，舉杯）好，乾杯！

△老七一飲而盡，大勇偷偷將酒倒掉。

老　七：大勇，除了青島，我還打算帶你去上海、香港玩呢！現在抗戰已經勝利，到那兒去都很方便，只要你荷包裡有錢就成！

大　勇：師父，我聽說，上海遍地都是黃金，是真的嗎？

老　七：當然是真的，就只看你有沒有本事去拿！這麼說，你就不想跟師父分手了吧？哈哈……再乾一杯！（又灌下一杯）

△大勇又爲老七倒滿。

大勇：（假意）師父，我看你醉了，別喝了，睡覺吧！

老　七：什麼？這幾杯酒我就醉了，我還早得很呢，來，大勇，咱們痛快的來喝幾杯。

△老七又舉杯乾了，大勇又將酒倒掉。

△再照酒杯，舉起乾了，又倒滿，不久，老七終於趴在桌子上，睡著了。

大　勇：師父，師父……

△大勇見老七已爛醉如泥，乃輕手輕腳的去開門溜走。

△鏡頭照老七仍在睡著，窗口天色已亮。

SE：（雞叫聲）

△燈光，李家大門口

△清早，大勇自外來到門口，敲門。

小　蘭：（在門裡問）是誰？

大　勇：小蘭，是我。

小　蘭：（開門，一見是大勇，頗驚奇又高興）陶大勇，是你！……我的大爆竹呢？買到沒有？

△小蘭及大勇進入堂屋。

大　勇：大爆竹？……啊呀，小蘭，沒有買到！

小　蘭：陶大勇，奶奶說你不會回來了，我說你一定會回來的……還是我說對了。

大　勇：奶奶呢？小蘭。

小　蘭：她病了。

大　勇：又病了？有沒有請大夫？

小　蘭：請了。……陶大勇，奶奶藏的金子不見了，是不是你拿的？

大　勇（一驚）小蘭，妳說什麼？奶奶的金子不見了？

小　蘭：嗯，奶奶說，一定是你拿走了，她氣的老毛病又犯了。

大　勇：我沒有拿奶奶的金子啊？

小　蘭：真的？你真的沒有拿？那金子，真是給小偷偷走了？

大　勇：小蘭，妳姐姐呢？

小　蘭：她在廚房裡做早飯，我去喊她！（向內走下，邊走邊叫）姐姐，陶大勇回來了！

大　勇：（自語）那金子給小偷偷走了……奇怪？是師父偷的嗎？……

△小蘭領小梅上，小梅身上有圍裙。

小　梅：大勇你回來了……你沒有偷奶奶埋在井底下的金子吧？

大　勇：小梅，奶奶的金子真被偷走啦？

小　梅：嗯，那些金子是奶奶辛辛苦苦存起來的，大勇，你真的沒有偷？……那你為什麼現在才回家來？你昨天到那兒去了？

大　勇：我在一個朋友家過小年，喝醉了酒，所以現在才回來。

小　梅：一個朋友家？是誰？是不是那臉上有個刀疤的？朱老爹說，他就是刀疤老七，你怎麼會跟他認識的？朱老爹說得不錯，你一定就是刀疤老七的同黨。

大　勇：（上前勸慰小梅）小梅，請妳相信我，我決不是那種忘恩負義的人，我要真偷了妳們家的金子，我還敢再來找妳嗎？

小　蘭：姐姐，我相信陶大勇的話，金子不會是他偷的！

小　梅：妳少插嘴！

小　蘭：不聽我的話算了，我去找小順子玩！

△小蘭獨自出門去。

△小梅、大勇二人沉默了一會兒。

小　梅：（含淚痛苦的說）大勇，我要你摸著良心跟我說實話，你真的沒有偷奶奶的金子？

△大勇認真辯白。

大　勇：小梅，我可以向天發誓，（舉手）我要真偷了妳奶奶的金子，我就遭天打雷劈，活不過這個年！

△小梅對大勇認真的發誓，並未有所感動。

小　梅：大勇，要是你今天沒有出去，我會相信你的發誓；……要是在那井邊沒有你留下的腳印，我也會相信金子不是你偷的；可是……現在你在我的眼中，不但是賊，還是一個騙子，你騙了小蘭，騙了奶奶，也騙了我，我恨你，……我恨你一輩子！

大　勇：小梅，妳說，妳在井邊看到有我的腳印？

小　梅：是我去掃的雪，我會看不到嗎？（轉換話題）大勇，只要你肯把金子還給我們，我還是會給你瞞著，不讓奶奶知道的！奶奶年紀大了，把金子看得比命還重要，她好心好意留你在家過年，給你還債，給你穿新棉襖……難道你真的良心給狗吃了，害奶奶病倒在牀上不管嗎？……

△大勇爲小梅的話所感動。

大　勇：（痛苦的坦述）小梅，妳別再說下去了，……記得，我曾經和妳說起過，我並不是像妳想像中的那樣好，……老實告訴妳吧，我來到妳們家原本目的就是想偷妳奶奶藏的那些金子，那天來討債的是我的師父，妳說得不錯，他就是有名的刀疤老七！

小　梅：大勇，你……現在才跟我說實話？

大　勇：事到如今，我還騙妳幹什麼呢？從小師父把我養大，我不能不聽他的話去做違背自己良心的事，這十幾年來，我已經分不清什麼時候我在扯謊，什麼時候我說的才是實話。但是，小梅，無論如何，請妳相信我現在所說的話，奶奶的金子，我曾經想去偷，但是並沒有下手！

小　梅：既然想偷，爲什麼又沒有下手呢？

大　勇：因爲，妳和妳奶奶對我實在太好，太好了。我是人，我不能做這不是人做的事！

小　梅：所以，有你的腳印在井邊，但金子卻不是你偷的，對不對？我不會信你這套鬼話！

大　勇：小梅，請妳再也不要用懷疑的口氣來嘲笑我，金子，確實不是我偷的，我……我……可以……（跪下）跪著向妳發誓，我要是真的偷了妳奶奶的金子，容許我馬上死在妳的面前！

△大勇自懷中取出一把刀，欲向胸口刺去，小梅急將其手抓住。

小　梅：大勇，不，你起來。我……相信你！快把刀收起來。

△大勇起立，收刀。

大　勇：小梅，妳知道，我昨天到那兒去的嗎？我是去向師父請求，准許我重新做人的，我已決心不再偷妳奶奶的金子，希望師父能答應我，跟他分手，誰知道，妳奶奶的金子，已經被人偷走了呢？

小　梅：大勇，會不會這金子，是你師父偷走的？

大　勇：（思索）是我師父偷走的？……嗯，一定是師父偷的，小梅，妳等著，我負責去把那二百兩金子給拿回來！

△大勇說畢即匆匆而去。

△小梅追至門口，叫著。

小　梅：大勇！……

△幕急下

第四幕

人：奶奶、小梅、大勇、小蘭、小順子、朱老爹

△堂屋內奶奶扶手杖自臥室內走出。

奶奶：小梅，怎麼，大勇回來了嗎？

△小梅自門口折回。

小梅：奶奶，妳怎麼起牀啦？

奶奶：小梅，大勇哪？

小梅：他……又走啦！

奶奶：小梅，妳怎麼可以讓他又走了呢？得拉他到派出所去，才對啊！

小梅：奶奶，大勇並沒有偷妳的金子！

奶奶：什麼？還說沒有偷我的金子，那我的金子呢？我的金子給大雪化成水流走啦！

小梅：奶奶，妳聽我說，大勇本來到我們家幹活，是想偷妳的那些金子，可是因爲妳對他太好，使他的良心受了感動，人心是肉做的，因爲他已決定改過自新，重新做人了，妳的那些金子，可能是他的師父偷的……

奶奶：他師父是誰？

小梅：刀疤老七，就是那臉上有個刀疤的人！

奶奶：是嗎？可真給朱老爹說中了。

小　梅：大勇因為從小由他師父給養大的，所以不得不聽他師父的命令，他現在就是去找師父，給妳要回金子

奶　奶：他師父會把金子給他嗎？小梅，他師父是個老賊，到了手的金子，會吐出來？小梅，八成是妳又受了他的騙了。

小　梅：我又受了大勇的騙了？

奶　奶：妳想他會把金子給我們送回來嗎？那……妳呀，真是在作夢！

小　梅：奶奶，妳說我在做夢！……（迷惘的）我在做夢！……大勇不可能回來了？

△燈光暗轉。

△景換客棧房間

△屋內漆黑。老七在牀上睡著，鼾聲甚大，不久，大勇輕手輕腳的推門進入，他走到牀邊，察看老七有否睡熟，繼而自牀底下拉出箱子，翻箱倒篋的尋找著。

△這時，老七突然翻身，大勇機警的停止工作，不久，繼續至桌子抽屜及牆上的衣服中去搜索，一無所獲，最後他大膽的去探索老七枕頭底下有無東西時，老七驚覺的坐起。

老　七：什麼人？

△用牀頭開關開燈，室內明亮

大　勇：師父，是我！

△大勇乃不得不答應，老七下牀。

老　七：你來幹什麼？

大　勇：我……我……來找金子。

老　七：我這兒那有金子？

大　勇：師父，老奶奶埋在井底下的那二百兩金子，是不是你拿的？

老　七：你怎麼知道是我拿的？

大　勇：這還用問嗎？我沒有拿，除了師父，還會有誰呢？

老　七：大勇！你不想想，你師父有了那二百兩金子，還會待在這兒！

大　勇：我知道，你是打算過一陣子，到了青島再拿金子出來換現金，這樣才不會露出馬腳！

△老七打算裝糊塗。

老　七：大勇，那老奶奶的金子，真給偷啦！這可不知道肥了誰啦！

大　勇：師父，別兜圈子騙我了，那老奶奶把金子看得比命還重要，師父，還給她算了，人家辛辛苦苦存起來，也怪可憐的！

△老七乾脆承認。

老　七：怎麼？大勇，你真想做人家的孫女婿了，是不是？老實告訴你，你師父到了手的東西，要我再拿出來，做夢也別想！

大　勇：師父，我從來也沒有向你求過什麼？這一次，無論如何把金子去還給老奶奶，我求你。

老　七：怎麼？你真想「反」了是不是？叫你去拿，你不拿，我去拿了，你還要我吐出來，讓你給送回去做好人？你跟了我十幾年，難道還不清楚你師父的脾氣！

大　勇：師父，你真的不肯給我？

老　七：嗯，你打算怎麼樣？

大　勇：我到派出所報案去！

老　七：陶大勇，你敢。（聲勢逼人）

大　勇：（毫不畏懼）我爲什麼不敢？

老　七：你不想認我是你的師父？我養了你十幾年，你竟然這樣來報答我！

△大勇爲師父沉痛進忠言。

大　勇：師父，你偷了一輩子，可曾爲那些被你偷的人想一想？你偷到了手，吃呀喝的花天酒地花光，人家可就慘了！你還記不記得，有一年，也是快過年的時候，你偷了人家管帳的一筆錢，害得那帳房第二天就上吊自殺……到現在，這件事還掛在我的心上，忘不了……

老　七：誰叫他自己不小心呢，這是他活該！

大　勇：師父，俗話說：「放下屠刀，立地成佛」。難道你真想就這樣喪盡天良幹一輩子！

老　七：大勇，你今天是存心來嘔我是不是？囉囉嗦嗦的講個沒完，是不是想師父把金子分給你一半，對不對？

大　勇：師父，我只是想勸你跟我一樣，過了年，重新做人，別再幹那些使自己良心感到不安的事，這樣睡起覺來，也比較踏實多了！這兩天，我想了很久！總覺得無論幹什麼活，都比做賊來的得強！……

△老七不待大勇再說下去，伸手打了大勇一耳光。

老　七：住嘴！你有完沒完？告訴你，大勇，在我面前不准你再這樣放肆講話！記住，我是你的師父，是我把你養大的，不是你把我養大的！

大　勇：（向老七注視良久）好吧，既然這樣，我又何必再老說不完呢！金子還不還出來由你決定，今後跟不跟你走，我總可以作得了主吧！

老　七：什麼？大勇，你真就此想和我分手？

大　勇：是的，（看自己的手）我的這一雙手，已經夠髒了，讓我把它洗洗乾淨，幹別的活吧，這樣，我們還能不分手嗎？

老　七：分手？哈哈……（可怕的笑著，突然將大勇的手用力捉住）沒那麼容易，這手，是屬於我的，該聽我的使喚！

大　勇：（反抗）不，這手，是屬於我的，我……要用它，抓你到鄉公所去！

△大勇、老七二人開始正面爭執起來，老七的衣領被大勇抓住脫身不得，他冷不防用手摸出一把小刀，向大勇的背刺去，大勇不防，應聲倒地，又起掙扎，老七用刀刺大勇手，大勇手一鬆。老七開門逃逸而去，鏡頭照大勇撫手倒地呻吟著。

大　勇：啊……（暗轉）

△燈光暗轉，李家堂屋

△大除夕，供桌上放祖宗牌位香案等物，小梅將一碗一碗年菜端出，擺在桌子上，奶奶在爲小蘭穿著新衣。

△（鑼鼓聲自遠處傳來）

△（爆竹聲隔一陣一響，隔一陣一響）

△不久小順子也穿著新的馬褂長袍上，喜氣洋洋，手裡拿著糖果。

小順子：小蘭，妳看我的新衣服，好不好看？

△小蘭已穿好衣服，來問小順子。

小　蘭：哼，我的新衣服比你的好看！

小順子：我有糖，妳要不要吃？

小　蘭：（自口袋也拿出糖）我也有糖。（剝糖吃）

小順子：（自口袋中拿出一紅包）還有，這是爺爺給我的壓歲錢。

小　蘭：（跑向奶奶）奶奶、奶奶，我也要壓歲錢！

奶　奶：吃完了年夜飯，奶奶再給妳行不行？

小　蘭：不，我現在就要嘛！小順子他都比我先有了。

奶　奶：好，好，奶奶先給妳。（掏口袋）

小　蘭：（即跪下磕頭）恭喜奶奶身體健康，發財快樂。

奶　奶：（拿紅包給小蘭）嗯，小蘭真乖，拿去吧！

小　蘭：謝謝奶奶。（接過壓歲錢）

小順子：小蘭，我們去買鞭炮玩，好不好？

小　蘭：好。

△奶奶拿紅紙出。

奶　奶：小順子，你來！

小順子：李奶奶，什麼事？

奶　奶：這紅紙，請你爺爺給我們寫一副春聯，貼在大門口。

小順子：好，我去要爺爺寫。（向小蘭）小蘭，走呀！

△小順子接過紅紙，偕小蘭一出門。

奶　奶：唉！日子過得真快，又是一年過去了，今年這一年，可真壞透了，希望明年，能好

一點才是！（暗自傷心落淚）

△小梅又端菜上放好。

小　梅：奶奶，我們可以開始點蠟燭，祭祖宗了吧……（發覺奶奶不對）奶奶，怎麼妳又難過了？

奶　奶：沒有什麼，小梅，點上吧！

△小梅開始用洋火點蠟燭、點香，奶奶看看桌上菜。

奶　奶：小梅，火鍋呢？

小　梅：已經好了，我就去拿。

奶　奶：小梅，妳說大勇會回來的，今兒都大除夕了，他連影子都看不見呢？

小　梅：奶奶，別再想那些金子了，財去人安樂。只要妳身體好，還不是一樣的。

奶　奶：真想不到我留他過了年再走，結果竟會鬧出這樣的事來，這幾天，氣得我睡覺都睡不好。

小　梅：奶奶，我們不是已經報了案嗎？說不定，過了年，刀疤老七給抓到了，金子仍會還給我們，妳還是多想開一點，別再難過了。

△小梅安排好一切，去端出火鍋，奶奶開始燒紙錢，然後叩頭祭奠祖宗。

奶　奶：（喃喃自語，祈禱）……

△奶奶起立後小梅也磕頭。

奶　奶：小梅，去把小蘭叫來，磕了頭，一會兒我們就吃年夜飯。

小　梅：是，奶奶。

△小梅走出門去。

小　梅：小蘭、小蘭……

△至門口，小梅喊著不久，卻見大勇一手包著紗布，一手提一布包自外走來。

大　勇：小梅……

小　梅：（驚訝）大勇！你終於回來過年了……

△小梅手拉著大勇的傷手

大　勇：（手疼）啊呀……

小　梅：怎麼？（捲起衣袖，發現包著紗布）你的手怎麼啦！

大　勇：受了一點傷，不要緊的，奶奶在家嗎？

小　梅：在！

大　勇：帶我去見她！

小　梅：好！

△小梅領大勇走入堂屋。

小　梅：奶奶，大勇回來了。

△奶奶見大勇回來，驚訝，上前生氣地。

奶　奶：你……來幹什麼？

大　勇：（拿布包給奶奶）奶奶，這是妳丟的金子，我都給妳找回來了，二百兩，一個也不少，妳點一點看。

奶　奶：（接過布包，打開一看，果然是堆金條）啊……大勇，金子真不是你偷走的！

大　勇：是我師父偷走的，我……真對不起妳，奶奶……妳能原諒我嗎？

奶　奶：你師父偷的，他人呢？

大　勇：我已經請警察把他給抓起來了。

小　梅：大勇，你手上的傷，是他打的？

大　勇：嗯，爲了這些金子，我和他打了起來，不小心，給他用刀刺到的。

小　梅：大勇，你真了不起！

大　勇：奶奶……妳不會趕我走了吧？妳答應留我過了年再走的……這些年來，我跟我師父兩個人，在外面流浪，從來沒有嚐過過年的滋味，今晚，求妳答應我留在這兒過了年再走，好嗎？過了年，我一定就走的。

奶　奶：大勇，我沒有看錯，你真的不是個壞人，人心，畢竟是肉做的。有你在這兒過年，我們家熱鬧多了，我怎麼會趕你走呢？馬上就要吃年夜飯了，我們這年夜飯是吃水餃，你喜歡吃水餃嗎？

大　勇：（高興激動）喜歡！奶奶，我喜歡吃水餃，水餃就是元寶呀！

奶　奶：那，好，你一定要多吃一點，我們餃子裡有一個包了一個銅錢，誰的運氣最好，就能夠吃到包了錢的水餃。

△小蘭自外上，手裡帶了鞭炮。

小　梅：小蘭，妳看，誰回來了？

小　蘭：陶大勇，你回來了！（小蘭上前，大勇將之抱起，抱得高高地）你幫我放爆竹，好不好？

大　勇：好！

奶　奶：小蘭，快下來，向祖宗磕頭，磕了頭，一會兒，就吃年夜飯了。

小　蘭：好。

△大勇放下小蘭去磕頭，朱老爹手拿寫好的春聯上。

朱老爹：大嫂，春聯給妳寫好了，妳看合不合適？

奶　奶：真謝謝你，每年總得麻煩你一趟。

朱老爹：（看見大勇）唷，大勇回來了！

大　勇：朱老爹，你好！

奶　奶：回來啦！……我丟的那些金子，大勇他給找回來了！（指布包給朱老爹看）

朱老爹：啊！那真太好了……大嫂，金子別再埋在地下了，這年頭，妳還是該把它存到銀行裡去才對，既保險又安全。

奶　奶：對，這些金子，我打算把它變成鈔票，一方面可以給小梅辦嫁妝，一方面打算交給大勇去買些地來種田，我們家不能老靠收租過日子，大勇過了年，我也不打算要他走了。

小　梅：奶奶，是嗎？

奶　奶：嗯……（向大勇）大勇，你不會過了年，一定要走吧！

大　勇：奶奶肯留我，那我正是求之不得！

小　蘭：啊，太好了！陶大勇過了年，元宵節你一定要給我做兔子燈，很大很大的兔子燈。

朱老爹：大嫂，我得回去吃年夜飯了，真恭喜妳過了一個愉快的新年，大勇，再見！

大　勇：朱老爹，您好走。

△大勇送朱老爹走出，小梅吹熄了蠟燭。

小　梅：奶奶，我們可以吃年夜飯了吧？

奶　奶：好，吃了年夜飯，我們還有好多事要做吶。

△小梅、大勇忙著搬桌子，端菜。

小　蘭：（歡呼）好，吃年夜飯了！

△燈光照門口

△夜晚，大勇站在欖子上，在貼門上春聯，外面開始下起雪來。

△小梅自屋內走出，手放在背後。

大　勇：先貼橫批，是「萬象更新」。

小　梅：再貼上聯，是「殘冬已隨臘鼓去」。

大　勇：現在貼下聯，是「陽春正逐和風來」。

小　梅：大勇，你冷不冷？

大　勇：不冷，在妳們家過年，可真好！

小　梅：（取出圍巾，給大勇圍上）喏，這是我給你準備的，好不好？

大　勇：好極了，小梅，這圍巾不但暖和了我的脖子，也暖和了我心。

小　梅：瞧你，又耍貧嘴？

大　勇：過年了，別說不好聽的話，好不好？

小　梅：大勇，過了年你真的不走了吧？

大　勇：不走了？（故意逗小梅）誰說的？

小　梅：咦，你不是答應奶奶不走了嗎？

大　勇：那是剛才，現在我想，我還是走的好！

小　梅：爲什麼？

大　勇：你沒聽奶奶說嗎？她要給妳準備嫁妝，過了年，孫女婿進了門，我還能在這兒待下去嗎？

小　梅：（打大勇）不來了，大勇你真壞死了。

大　勇：（阻止）噯！過年，不准說不吉利的話。

小　梅：不准「說」，我打總可以吧！

△大勇、小梅二人笑鬧打趣，門外另一邊，小順子和小蘭在偷看，小順子要小蘭點鞭炮嚇他們，小蘭點鞭炮丟過去。

SE：（鞭炮聲）

△二人嚇得大叫，小梅發覺是小蘭，追之入門。

小　梅：好呀！小蘭，原來是妳！

△大勇貼好春聯關門，燈光照門上春聯橫批是「萬象更新」上聯是「殘冬已隨臘鼓去」下聯是「陽春正逐和風來」。

△雪繼續下著

△鞭炮、鑼鼓聲加強。

△戲終，幕下

~全劇終~

（九五年四月十五日修正）

附錄一 姜龍昭著作出版書目

作品名稱	類別	出版處所	字數	出版年月日
(1)烽火戀歌	獨幕劇	總政治部	約二萬	四十一年十二月
(2)奔向自由	獨幕劇	總政治部	約二萬	四十一年十二月
(3)自由中國進步實況	報導文學	中央文物供應社	約廿萬	四十九年十二月
(4)六六五四號啞吧	電視劇選集	平原出版社	約三萬	五十二年二月
(5)電視綺夢	電視劇選集	正中書局	約五萬	五十五年九月
(6)金玉滿堂	電視劇選集	菲律賓劇藝社	約十二萬	五十六年九月
(7)父與子	獨幕劇	僑聯出版社	約二萬	五十六年十二月
(8)碧海青天夜夜心	電視劇選集	商務印書館	約十二萬	五十七年一月
(9)一顆紅寶石	電視劇選集	菲律賓劇藝社	約十萬	五十八年二月
(10)金色陷阱	電視劇選集	東方出版社	約十二萬	五十八年六月

⑾故都風雲	廣播劇	軍中播音總隊	約二萬	五十九年四月
⑿孤星淚	多幕劇	僑聯出版社	約四萬	五十九年四月
⒀情旅	小說	新亞出版社	約六萬	五十九年五月
⒁春雷	小說	新亞出版社	約六萬	五十九年十月
⒂長白山上	圖書故事	新亞出版社	約六萬	六十年三月
⒃紅寶石	獨幕劇	中國戲劇藝中心	約二萬	六十年十二月
⒄長白山上（與人合編）	電視連續劇	正中書局	約五十萬	六十一年十月
⒅海戰英雄	廣播劇	總政治作戰部	約二萬	六十三年十月
⒆吐魯番風雲	多幕劇	商務印書館	約四萬	六十五年六月
⒇眼	多幕劇	商務印書館	約四萬	六十五年十二月
(21)海與貝殼	小說	正中書局	約十八萬	六十五年七月
(22)電視劇編寫與製作	論著	黎明文化事業公司	約十二萬	六十五年七月
(23)金蘋果	兒童歌舞劇	中國戲劇藝中心	約四萬	六十七年三月
(24)電視縱橫談	論著	聯經出版社	約十四萬	六十八年三月
(25)一個女工的故事	電影劇本	遠大出版公司	約八萬	六十八年六月
(26)姜龍昭選集	綜合	黎明文化事業公司	約十八萬	六十八年六月

(27)電視戲劇論集	論著	文豪出版社	約廿萬	六十八年十二月
(28)電視編劇理論與實務（與人合著）	論著	中視週刊社	約廿萬	七十年三月
(29)中華民國電視事業的回顧與前瞻	論著	中國電視公司	約廿二萬	七十年十月
(30)姜龍昭劇選（第一集）	電影劇本	遠大出版公司	約十八萬	七十一年四月
(31)姜龍昭劇選（第二集）	舞台劇	文史哲出版社	約廿萬	七十七年十月
(32)姜龍昭劇選（第三集）	廣播劇	文史哲出版社	約十六萬	八十七年三月
(33)姜龍昭劇選（第四集）	廣播劇	文史哲出版社	約八萬	八十八年三月
(34)姜龍昭劇選（第五集）	舞台劇	文史哲出版社	約八萬	九十五年五月
(35)戲劇編寫概要	論著	五南圖書出版公司	約卅萬	七十二年三月
(36)一隻古瓶	多幕劇	漢欣文化公司	約三萬	七十三年三月
(37)金色的陽光	多幕劇	文化建設委員會	約三萬	七十三年三月
(38)幾番漣漪幾番情（與人合編）	多幕劇	文化建設委員會	約四萬	七十三年三月
(39)英風遺烈	傳記文學	近代中國社	約十二萬	七十三年三月
(40)武昌首義一少年	傳記文學	黎明文化事業公司	約十二萬	七十三年三月
(41)母親的淚	多幕劇	教育部	約四萬	七十四年二月
(42)最後的一面	小說	晨星出版社	約十二萬	七十五年三月

⑷3 戲劇評劇集	論著	采風出版社	約十二萬	七十五年五月
⑷4 淚水的沉思	多幕劇	教育部	約四萬	七十七年八月
⑷5 香妃考證研究（正集）	考證	文史哲出版社	約十四萬	七十七年十月
⑷6 香妃考證研究（續集）	考證	文史哲出版社	約十八萬	八十一年三月
⑷7 血洗天安門	廣播劇	中興出版	約二萬	七十九年三月
⑷8 淚水的沉思（中英文對照）	多幕劇	文史哲出版社	約四萬	八十年十一月
⑷9 飛機失事以後（中英文對照）	多幕劇	文史哲出版社	約四萬	八十一年七月
⑸0 泣血煙花（中英文對照）	多幕劇	文史哲出版社	約四萬	八十一年十二月
⑸1 李商隱之戀（中英文對照）	多幕劇	文史哲出版社	約四萬	八十四年十二月
⑸2 李商隱	多幕劇	教育部	約四萬	八十二年四月
⑸3 如何編劇本	論著	新中國出版社	約十二萬	八十三年四月
⑸4 細說流行語（第一集）	考證	號角出版社	約十萬	八十二年八月
⑸5 細說流行語（第二集）	考證	號角出版社	約五萬	八十三年五月
⑸6 細說流行語（第三集）	考證	健行出版社	約十二萬	八十五年一月
⑸7 細說流行語（第四集）	考證	健行出版社	約十二萬	八十七年一月
⑸8 細說流行語（第五集）	考證	健行出版社	約十二萬	八十八年十二月

(59)細說流行語（第六集）　考證　健行出版社　約十二萬　八十九年十二月
(60)戲劇評論探討　論著　文史哲出版社　約十四萬　八十七年五月
(61)掀開歷史之謎　考證　文史哲出版社　約十二萬　九十年十二月
(62)楊貴妃考證研究　考證　文史哲出版社　約十五萬　九十一年七月
(63)楊貴妃之謎　多幕劇　文史哲出版社　約九萬　九十二年五月
(64)回祿殘存　綜合　文史哲出版社　約十五萬　九十二年九月
(65)錢能通神（有聲書）　綜合　文史哲出版社　約八萬字　九十四年二月
(66)西施考證研究　考證　文史哲出版社　約九萬字　九十四年二月

附錄二　姜龍昭歷年得獎記錄

(1)四十一年編寫兒童劇「榕樹下的黃昏」獲臺灣省教育廳徵兒童劇首獎。

(2)四十二年編寫獨幕劇「奔向自由」獲總政治部軍中文藝獎徵獨幕劇第三名。

(3)四十三年編寫多幕劇「國軍進行曲」獲總政治部軍中文藝獎徵多幕劇佳作獎。
(4)四十七年編寫廣播劇「葛籐之戀」獲教育部徵廣播劇佳作獎。
(5)五十一年編寫廣播劇「六六五四號」獲新文藝月刊祝壽徵文獎首獎。
(6)五十三年編寫電視劇「青年魂」獲青年反共救國團徵電視劇佳作獎。
(7)五十四年編寫廣播劇「寒澗圖」獲教育部廣播劇佳作獎。
(8)五十六年編寫「碧海青天夜夜心」電視劇獲中國文藝協會頒發「最佳電視編劇文藝獎章」。
(9)五十六年編寫獨幕劇「父與子」獲伯康戲劇獎徵獨幕劇第四名。
(10)五十七年編寫多幕劇「孤星淚」獲伯康戲劇獎徵多幕劇首獎。
(11)五十九年因出版劇本多種，人物刻劃細膩，獲教育部頒發戲劇類「文藝獎章及獎狀」。
(12)六十年製作「春雷」電視連續劇，獲教育部文化局頒巨型「金鐘獎」乙座。
(13)六十年編寫連續劇「迷夢初醒」使「萬福臨門」節目獲教育部文化局頒「金鐘獎」乙座。
(14)六十一製作「長白山上」電視連續劇，獲教育部文他局頒巨型「金鐘獎」乙座。
(15)六十一年與人合作編寫電視連續劇「長白山上」，獲中山文化基金會頒「中山文藝獎」。
(16)六十三年製作電視連續劇「青天白日」獲中國電視公司頒發獎狀。
(17)六十四年編寫宗教話劇「眼」獲「李聖質戲劇獎」首獎。
(18)六十四年編寫電影劇本「勇者的路」獲國軍新文藝金像獎電影劇本徵文佳作獎。

(19)六十五年製作電視節目「法律知識」獲司法行政部頒獎狀。
(20)六十五年編寫多幕劇「吐魯番風雲」獲臺北市話劇學會頒第三屆最佳編劇藝光獎」。
(21)六十五年編寫電影劇本「一襲輕妙萬縷情獲電影事業發展基金會徵電影劇本佳作獎。
(22)六十五年編寫電影劇本「大海戰」獲國軍新文藝金像獎電影劇本徵文「銅像獎」。
(23)六十六年製作電視節目「法律知識」獲行政院新聞局頒巨型「金鐘獎」乙座。
(24)六十七年編寫兒童歌舞劇「金蘋果」獲教育部徵求兒童劇本首獎。
(25)六十八年編寫電影劇本「鐵甲雄獅」獲電影事業發展基金會徵求電影劇本優等獎。
(26)六十九年獲臺灣省文藝作家學會頒發第三屆「中興文藝獎章」電視編劇獎。
(27)七十年編寫舞臺劇「國魂」獲教育部徵求舞臺劇第二名，頒發獎狀及獎牌。
(28)七十年編寫電影故事「鳥棚中的奮鬥」及「吾愛吾師」雙獲電影業發展基金會入選獎。
(29)七十一年製作電視節目「大時代的故事」獲中央黨部頒發「華夏」二等獎章及獎狀。
(30)七十一年獲國軍新文藝輔導委員會頒發「光華獎」獎狀。
(31)七十二年編寫舞臺劇「金色的陽光」獲文建會委員會徵求舞臺劇本第二名及獎牌。
(32)七十二年參加教育部委託中華日報庭休閒活動徵文獲第三名。
(33)七十二年編寫電影故事「老陳與小柱子」獲電影事業發展基金會徵求電影故事入選獎。
(34)七十三年編寫舞臺劇「母親的淚」獲教育部徵舞臺劇第三名，頒發獎狀及獎金。

(35)七十四年編寫廣播劇「江爺爺」獲中華民國編劇學會頒發「魁星獎」。

(36)七十六年因實踐績效評定特優獲革命實踐研究院兼主任蔣經國頒發獎狀。

(37)七十七年編寫舞臺劇「淚水的沈思」獲教育部徵舞臺劇佳作獎，頒發獎牌及獎金。

(38)七十八年編寫廣播劇「地下英雄」獲新聞局舉辦國家建設徵文獎，頒發獎金。

(39)七十八年編寫廣播劇「血洗天安門」獲青溪新文藝學會頒「金環獎」獎座及獎金。

(40)七十八年編寫電影劇本「死囚的新生」獲法務部徵電影劇本獎，頒發獎金。

(41)七十九年編寫電影劇本「綠島小夜曲」再獲法務部徵電影劇本獎，頒發獎金。

(42)八十年製作電視教材「大地有愛」獲中國國民黨考核紀委會頒發獎狀。

(43)八十二年服務廣播、電視界屆滿卅年，獲新聞局頒發獎牌。

(44)八十二年編寫舞臺劇「李商隱」獲教育部徵舞臺劇本獎，頒發狀及獎金。

(45)八十二年編寫廣播劇「李商隱之戀」獲中華民國編劇學會，頒發「魁星獎」。

(46)八十五年配合推行拒菸運動，獲行政院衛生署頒發獎牌。

(47)八十六年推行軍中新文藝，獲國軍新文藝輔委會頒發「特別貢獻」獎座及獎金。

(48)八十六年編寫廣播劇「異鄉」，獲中國廣播公司「日新獎」。

(49)八十八年編寫舞臺劇「打開心門」獲行政院新聞局頒「劇本優勝獎」獎牌及獎金。

(50)八十八年編寫「真情城市」電視劇大綱，獲超級電視台徵文「優勝獎」頒發獎金。

附錄三

姜龍昭舞台劇劇本

復　　活（獨幕劇）三十八年演出。
寶 島 之 蠹（獨幕劇）三十九年演出。
視 察 員（獨幕劇）三十九年獲中華文藝獎金委員會獎金並演出。
烽 火 戀 歌（歌舞劇）四十一年由總政治部出版。
榕樹下的黃昏（兒童劇）四十一年獲臺灣省教育廳徵求兒童劇首獎。
奔向自由（獨幕劇）四十二年獲總政治部軍中文藝獎第三名，並由總政戰部出版。
國軍進行曲（五幕劇）四十三年獲總政治部軍中文藝獎多幕劇佳作獎。
父 與 子（獨幕劇）五十六年獲「伯康戲劇獎」獨幕劇第四名，並由僑聯出版社出版。
孤 星 淚（四幕劇）五十七年獲「伯康戲劇獎」多幕劇首獎，並先由僑聯出版社出版，後又改名「多少思念多少淚」由遠大文化出版公司出版。

曾由中央電影公司改編爲「長情萬縷」拍成電影。

紅　寶　石（獨幕劇）六十年中國戲劇藝術中心出版。

眼（四幕劇）六十四年獲「李聖質戲劇獎」首獎，並由商務印書館出版。

吐魯番風雲（五幕劇）六十五年獲「臺北市話劇學會」第三屆藝光獎，並由商務印書館出版。

金　蘋　果（兒童劇）六十七年獲教育部徵求兒童劇首獎，並由中國戲劇藝術中心出版。

國　　　魂（五幕劇）七十年獲教育部徵求舞臺劇首獎，七十一年又獲總政治作戰部頒發「光華獎」，由遠大文化公司出版。（姜龍昭劇選第一集刊入）

沒有舌頭的女人（四幕劇）七十一年由遠大文化公司出版。（姜龍昭劇選第一集刊入）

金色的陽光（四幕劇）七十二年獲行政院文建會徵求舞臺劇首獎，七十三年並由文建會出版。

幾番漣漪幾番情（三幕劇）七十二年受文建會邀請與蔣予安、依風露二人聯合編寫，七十三年由文建會出版。

一隻古瓶（四幕劇）七十三年由「文學思潮」雜誌社出版。（姜龍昭劇選第二集刊

孟母教子（四幕劇）七十三年完成，七十七年二次修正。（姜龍昭劇選第二集刊入）

母親的淚（五幕劇）七十三年獲教育部徵求舞臺劇本文藝創作獎第三名，並由教育部出版。（姜龍昭劇選第二集刊入）

淚水的沉思（四幕劇）七十四年完成，七十七年定稿，獲教育部徵求舞臺劇文藝創作獎佳作，並由教育部出版。（姜龍昭劇選第二集刊入）

楊貴妃之謎（五幕劇）九十二年五月文史哲出版社出版。

一襲輕紗萬縷情（四幕劇）九十五年五月文史哲出版社出版。（姜龍昭劇選第五集刊入）

碧海青天夜夜心（四幕劇）九十五年五月文史哲出版社出版。（姜龍昭劇選第五集刊入）

冬暖（四幕劇）九十五年五月文史哲出版社出版。（姜龍昭劇選第五集刊入）

附錄四

姜龍昭戲劇獎

屆別	得獎人	作品名稱	年別
第一屆	得主黃英雄	訂婚戒	二〇〇一年
第二屆	得主沈悅	戀愛一籮筐	二〇〇二年
第三屆	得主高前	豆腐坊喜事	二〇〇三年
第四屆	得主丁衣	台北人家	二〇〇四年
第五屆	得主徐王榮	天下人生一大找	二〇〇五年
第六屆	得主王中平	一塊銀圓	二〇〇六年